W0223097

Der Letzte Walzer Der Tyrannen

DIE PROPHEZEIUNG

Zusammengestellt von

JUDI POPE KOTEEN

Titel der amerikanischen Originalausgabe:
LAST WALTZ OF THE TYRANTS
THE PROPHECY
Copyright 1989 by Beyond Words Publishing Inc.
Aus dem Amerikanischen von Sigrid Kramke.

Kein Teil dieses Buches darf ohne schriftliche Genehmigung des Herausgebers in irgendeiner Form oder mit irgendwelchen Mitteln vervielfältigt oder übertragen werden, weder elektronisch noch mechanisch, weder in Form von Fotokopien oder Aufnahmen noch durch irgendein anderes Informationsspeicherungs- oder Aufnahmesystem.
Der Inhalt dieses Buches basiert teilweise auf "Ramtha Dialogues®", einer Serie von Tonbandaufzeichnungen, die auf Veranlassung von JZ Knight und mit ihrer Genehmigung erstellt wurden. Ramtha® ist eine im Patent- und Handelsregister der USA eingetragene Handelsmarke.

HINWEIS
Dieses Buch soll Informationen im Hinblick auf das behandelte Thema vermitteln. Die Absicht dieses Buches ist es, zu lehren und zu unterhalten. Die Autorin, die Herausgeber und die Verleger können für keinerlei Verluste oder Schäden, die irgend jemandem direkt oder indirekt durch die in diesem Buch enthaltenen Informationen entstehen könnten, verantwortlich oder schadensersatzpflichtig gemacht werden.

ISBN 3-9802507-0-9
2. Revidierte Auflage
© alle Rechte der deutschen Ausgabe 1990
bei *In Der Tat Verlag*
Müllerstraße 32 - 8922 Peiting

Dieses Buch wurde mit Genehmigung der "Beyond Words Publishing Inc." herausgegeben. Bei Interesse an einem kostenlosen Katalog weiterer englischer Bücher und Kassetten schreiben Sie bitte an: Beyond Words Publishing Inc., Rt 3, Box 492 B, Hillsboro, Oregon 97123, USA.

Mein besonderer Dank gilt Jenny und Adrianne, meinen kleinen Lichtern.

Für alle, die sich nach Wissen sehnen

Vorwort

1977 ERSCHIEN RAMTHA JZ KNIGHT in ihrer Küchentür in Tacoma im Staate Washington (USA). Seither ist nichts mehr wie zuvor.

Ramtha ist ein Rätsel, so bezeichnet er sich selbst. Und da die Aufmerksamkeit der Gesellschaft ohne Zweifel inzwischen über das bloße Phänomen des Channeling hinausgeht, und immer mehr Menschen einen ernsten Blick auf die darin enthaltene Botschaft zu werfen beginnen, wird Ramtha eines Tages als einer der größten Vermittler und Lehrer aller Zeiten bezeichnet werden.

Er lebte vor 35.000 Jahren auf dieser Erde und war während des größten Teils seines Lebens ein wilder Eroberer; bis er in einer Schlacht schwer verwundet wurde. Er zog sich auf einen Berg zurück, um über das Leben nachzudenken, und er verbrachte sieben Jahre auf einem kahlen Felsen damit, sich gedanklich mit der Sonne und dem Mond, mit dem Leben und dem Tod und mit all den Dingen, die sich nie zu verändern schienen, zu befassen. Als er den Felsen verließ und wieder zu seiner wartenden Armee zurückkehrte, kehrte er als ein erleuchtetes Wesen zurück; denn er hatte die Illusion, die "Leben" genannt wird, durchschaut. Er blieb und belehrte sein Volk viele Jahre lang und stieg schließlich vor Tausenden von Menschen auf. Er ist "der Ram", um den herum die Hindus ihre Religion rankten.

Er beschreibt sich selbst als Teil einer Bruderschaft von Wesenheiten, die die Menschen sehr lieben, und die mit Informationen gekommen sind, um uns zu helfen, die notwendigen Entscheidungen zu treffen, damit wir in den Tagen, die kommen werden, unsere eigene Souveränität erlangen können. Seine Botschaft ist eine befähigende, eine ermächtigende Botschaft.

Einmal, als er gefragt wurde, was er sagen würde, wenn er die ganze Welt mit einer einzigen, wichtigen Botschaft erreichen könnte, antwortete er: “Ich würde euch sagen, daß ihr GOTT seid und daß ihr sehr geliebt werdet.”

Die Bücher, die aus Ramthas Worten entstanden, basieren auf Wochenendveranstaltungen, die Intensives genannt werden, und in denen er aus dem Stegreif über ein bestimmtes Thema spricht. Ramtha hat schon im voraus über kommende Weltveränderungen gesprochen.

Die Voraussagen, die dieses Buch enthält, wurden während einer Zeitperiode übermittelt, die nicht mehr besteht. Denn Zeit, wie wir es nennen, ist immer in Bewegung. Ramtha ist sich über die Voraussagen in diesem Buch sehr im klaren. Er sagt, sie entsprechen dem, “wie es jetzt abgesehen werden kann.” Er machte diese Vorhersagen im November 1987. Die Menschheit hat aber den freien Willen, und wir können unsere Geisteshaltung ändern. Vieles von dem, was hier vorausgesagt wird, beruht auf menschlicher Entscheidung, wie sie im November 1987 von Ramtha vorausgesehen wurde. Ramtha spricht in diesem Zusammenhang von der Wirkung des kollektiven Bewußtseins, und er sagt, daß das Licht jetzt zu vielen gedrängt wird. Eine Veränderung im kollektiven Bewußtsein kann viele Dinge, die hier vorausgesagt wurden, verändern, obwohl Ramtha auch sagt, daß manches nicht geändert werden kann, wie beispielsweise, daß die Erde sich wieder erholen muß. Nachdem dies vorausgeschickt wurde, wird der Leser ermuntert, sich nicht so sehr mit den Voraussagen selbst, als vielmehr mit dem Verstehen, das dahinter liegt, zu beschäftigen.

Das Nachwort enthält eine Liste mit anderen Buchtiteln über Ramtha. Es ist zu empfehlen, sie zu lesen, um ein völliges Verständnis über den Umfang von Ramthas Botschaft zu erlangen.

Judi Pope Koteen

Inhaltsverzeichnis

DIE PROPHEZEIUNG

TEIL I

Das Fenster des Verstehens

DIE BOTSCHAFT, DIE EUCH EURE AUGEN hier übermitteln, gleicht einem Fenster, dessen Gardinen beiseite gezogen wurden, damit ihr den fernen Horizont sehen könnt, der dort wartet. Diese Botschaft ist an euch gerichtet, um euch wissen zu lassen, wohin ihr geht, wenn ihr in das Licht eures neuen Tages schreitet. Nur sehr wenige von euch haben bisher gewußt, wohin sie gingen - euer Leben bestand einfach nur darin, im Zustand des gesellschaftlichen Bewußtseins zu leben und zu sagen: "Nun, das ist alles, was es gibt." Was ist gesellschaftliches Bewußtsein? Es bedeutet für andere zu leben, die nicht für euch sterben würden; für andere zu verdienen, die euch keinen Pfennig leihen würden; andere zu lieben, die nicht wissen, was Liebe ist.

Viele Augen werden diese Seiten durchstreifen ... ich begrüße euch! Denn obwohl ihr in dieser Zeit weder weite Wege gehen mußtet, um einen Ausgang zu finden und euch dadurch das Recht zu verdienen, dies hier lesen zu dürfen, noch euren Lehnsherren um Erlaubnis bitten mußtet, einen Blick auf diese Seiten werfen zu dürfen, so habt ihr euch dennoch auf eure eigene Art und Weise das Recht erworben, diese Informationen zu erhalten. Ich bin sehr erfreut, euch begrüßen zu dürfen und zu sehen, wohin euch eure Reise gebracht hat, damit ihr in dieser Zeit zu diesem Buch geführt wurdet.

Ich möchte euch etwas zu der Zeitspanne, die wir zusammen verbringen werden, mitteilen. Diese Worte werden euch nicht offenbart, um euch in Angst, Furcht, Sorgen oder Verzweiflung zu stürzen. Dennoch werdet ihr großen Mut benötigen, um diese Worte zu lesen. Diese

Äußerungen sind weder eine Verschwörung gegen euch, noch sollen sie Angst auf dem Marktplatz erzeugen oder von euch *Besitz ergreifen!*

Diese Botschaft richtet sich nicht an ein Häufchen spiritueller Sektierer, die herumposaunen, daß ihr Weg der *einzig richtige* Weg sei. Diese Botschaft bedeutet Tätigkeit: Die Tätigkeit des Überlebens. Dies ist mit Sicherheit keine Botschaft für jemanden, der sich unter einem geistlichen Deckmantel in den Klöstern des 20. Jahrhunderts verbirgt, weil er nicht den Mut hat, in der wirklichen Welt zu leben.

Diese Botschaft richtet sich an jene, die geistig reif dafür sind. Sie ist ein auf die nackte Existenz anwendbares Verstehen. Mit Sicherheit wird sie euch nicht gegeben, um damit wie Kinder zu spielen; denn diese Zeiten sind vorbei. Und so freue ich mich sehr, zu sehen, daß ihr nicht nur den Mut habt, dies zu lesen, sondern daß ihr auch die Möglichkeit ersehnt, aus dem über das Jetzt und die Zukunft erworbenen Wissen heraus, die *Wahl* geeigneter Entscheidungen zu haben, die für das Geschenk, das euch gegeben wurde, wichtig sind; das Geschenk, das man "Leben" nennt.

Mut ist wirklich ein wichtiger Bestandteil des GOTTES, der euch erschaffen hat. Da ist das *Innere* von euch, das Ego, und das *Äußere* von euch, das veränderte Ego. Dem veränderten Ego mangelt es an Mut, es stammelt nur Ausreden. Die Tatsache, daß ihr bereit seid, diese Worte zu lesen, sagt sehr viel über euch aus. Eure offene Bereitschaft, auf diese Weise zu wachsen, singt in den Winden der Ewigkeit ein Lied davon, woher ihr kommt und wohin ihr geht.

Ihr werdet euch hinterher nicht an alles das erinnern, was ihr hier lesen werdet, denn ihr habt die Neigung, das, was ihr nicht hören wollt, auszublenden. Doch anders als beim Fernsehen könnt ihr dieses Buch wieder herausnehmen und es wieder und wieder und wieder lesen, wenn ihr wollt.

Was bedeutet *"ausblenden"?* Es bedeutet, daß das veränderte Ego das herausfiltert, was für das innere Sein förderlich ist. Mit anderen Worten: Ihr hört, was ihr hören wollt, ihr seht, was ihr sehen wollt, ihr lest, was ihr lesen wollt! Daher werdet ihr unweigerlich Gedächtnislükken haben. Die meisten von euch werden all das hier Geschriebene sehen und verstehen. Ihr werdet eine klare Vision dessen haben, was kommen wird, und zwar nicht nur ganz allgemein auf dieser Ebene, sondern unweigerlich auch in eurer kleinen, persönlichen Welt.

Die Worte auf diesen Seiten stammen von einer Schriftstellerin, die von meinem gesprochenen Wort, eine Auswahl traf und sie zu Papier brachte. Worte sind jedoch nur eine Ausdrucksweise. Und sicherlich ist meine Ausdrucksweise kritisiert worden. Doch das, was ihr mich sagen hört, ist nur eine Spiegelung eurer selbst und eures Verständnisses. Die Ausdrucksweise dient nur dazu, Realitäten zu übermitteln. Emotionen werden durch Worte schrecklich verstümmelt, aber die Worte in diesem Buch tragen ihr eigenes lebendiges Feuer in sich.

Und jene Wesenheiten, die mit dem Schicksal verflochten sind, werden durch das Lesen dieser Worte eine Offenbarung erleben. Warum? Ganz einfach weil die Worte die innere Vision erwecken, zu schauen, was ihr bis jetzt nicht geschaut habt.

Es wird viel mehr geschehen, als in Worten ausgedrückt werden kann. Viele Ebenen sind mit dieser demonstrativen Ebene, die Leben genannt wird, verbunden. Und viele dieser Ebenen liegen jenseits von Worten. Sie können nicht geäußert werden. Und wenn sie geäußert werden könnten, würdet ihr es nicht verstehen. So werdet ihr in dieser Zeit, die wir zusammen verbringen werden, Worte lesen, die es euch ermöglichen werden, die nahenden Veränderungen und euer Recht, darin eine Wahl zu treffen, zu verstehen. Es werden ehrliche und faire Worte in angemessener Dosierung vor euch ausgebreitet werden, Absatz für Absatz. Nichts wird zurückgehalten werden, was miteinander geteilt werden kann. Eure Reaktion auf das, was ihr lesen werdet, wird sich an den Entscheidungen, die ihr in den nächsten Monaten und Jahren treffen werdet, ablesen lassen.

Der freie Wille unterscheidet euch von den Engeln

Nun, Meister:* Wahlfreiheit. Es ist für euch sehr wichtig, das Kon-

*Anm. d. Übers.: Ramtha redet diejenigen, die in seine Zusammenkünfte kommen, normalerweise mit "Meister" an, um dadurch anzuerkennen, daß sie dabei sind, ihr Leben oder genauer gesagt, die Urteile, die sie vom Leben abhalten, zu meistern.

zept der Wahlfreiheit zu begreifen; denn Wahlfreiheit ist ein unveräußerliches Recht, das jede Wesenheit besitzt. Durch den Schöpfer wurdet ihr mit dem freien Willen ausgestattet. *Freier Wille* ist die Fähigkeit auszuwählen und aus dieser Wahl heraus Mitschöpfer mit dem ewigen IST - dem Mutter-Vater-Prinzip - dem Allmächtigen GOTT - dem Alles-in-Allem - zu werden.

Freier Wille. Das ist es, was euch von denen, die ihr Engel nennt, unterscheidet; denn ihr verkörpert das, was man das Mysterium aller anderen Lebensformen nennt. Freier Wille, Wahlfreiheit und eine Seele wurden in das eingehaucht, was ihr seid, um euch durch die Prozesse, die Leben genannt werden, zu ermöglichen, euch weiterzuentwickeln.

Wahlfreiheit. Alles, was ihr zu tun wählt, tut ihr auch. Und dieses Instrument wird "Wahlfreiheit" im Inneren der Seele genannt. Jeder hat zu diesen Worten Zugang, und dennoch wird euch das Wissen nur gegeben, damit ihr dann euren eigenen Entscheidungen entsprechend handeln könnt. Das ist eure Mitgift von GOTT, dem Vater-Mutter-Prinzip, das in euch ist: euer Recht zu wählen. Es ist eine der größten Gaben, die ihr besitzt, und wenn ihr eure Unabhängigkeit und Freiheit verliert, habt ihr auch das Recht zu wählen, verloren. So seid ihr also bis zum heutigen Zeitpunkt, wie man das bezeichnet, fähig gewesen, das Konzept der Wahlfreiheit zu aktivieren.

Ihr müßt das, was ihr hier lest, nicht glauben oder akzeptieren. Ihr könnt sagen: "Für mich ist das nicht wahr", und es wird für euch nicht wahr sein. Ihr könnt wählen zu sagen: "Das gibt es nicht", und dann wird es für euch nicht existieren. Und dennoch werdet ihr weiterhin geliebt, und ihr seid weiterhin wichtig, unabhängig von eurer Entscheidung. Ihr werdet diese Dinge lesen und in eurer Realität entsprechend eurer Entscheidung agieren. Ihr werdet wählen, eurem Stand des Wachstums entsprechend zu reagieren. Wahlfreiheit ermöglicht es euch, euch weiterzuentwickeln und die Evolution dorthin heimzutragen, wohin sie gehört. Oder aber ihr wählt, in eurer Vergangenheit steckenzubleiben, in der viele von euch schwelgen. Es ist eure freie Entscheidung!

Was euch hier gegeben wird, mag mit eurer eigenen engen Wirklichkeit nicht übereinstimmen. Vielleicht laßt ihr diese Übereinstimmung nicht zu, und auch das ist dann eure freie Entscheidung. Ich möchte euch begreiflich machen, daß euch nicht aufgezwungen wird, auf irgend etwas, was euch hier offenbart wird, zu hören, danach zu handeln oder darauf zu reagieren. Und wenn andere Amok laufen und euch sagen: "Du solltest dies oder das lieber machen, sonst wird es Dir leid tun", so läuft es dennoch wieder auf *eure* Wahlfreiheit hinaus. Wendet sie auf alles an, was ihr hier seht. Ihr habt *gewählt,* dieses Buch zu lesen, deshalb habt ihr euch das Recht erworben zu sehen, was darin geschrieben steht. Dieses Buch wird euch nur das vermitteln, was eure Augen euch wahrzunehmen erlauben. Ihr werdet nur das aufnehmen und nur das akzeptieren, wozu ihr bereit seid.

Furcht hält den Wächter an der Tür und der Wächter ist das veränderte Ego

Ihr habt die Wahl, ob ihr aufgrund dessen, was ihr hier lest, in Furcht geratet. Und die Furcht hält den Wächter an der Tür. Das veränderte Ego ist der Wächter, der an der Tür eurer Seele steht und euch in einem Verhaltensmuster festhält, der nur das zur Tür hineinläßt, was er gefiltert hat. Stellt euch das großartige Ego vor, das euch von der ISTHEIT eingehaucht wurde. Dann stellt es euch durch eine mysteriöse Kraft verändert vor, die euch von euch selbst fernhält. Ihr könnt wählen, euch zu fürchten oder zu lernen; ihr könnt wählen, dem Wissen entsprechend voranzuschreiten oder dadurch geschwächt zu werden. Ihr könnt wählen, es in eurem Leben zu verwerten oder es zu verwerfen. Doch obwohl ihr aus Fleisch und Blut besteht, - und ihr seid sehr zart, denn eure Gefühle sind leicht verletzbar, so wie ein leichter Riß im Gewebe euch bluten läßt - so seid ihr dennoch göttlich. Ihr seid die menschliche Herrlichkeit GOTTES - nicht weniger als dies, sondern sein *Bestandteil,* seine menschliche *Herrlichkeit*; Brüder und Schwestern GOTTES seid ihr.

Es liegt bei euch, was ihr mit dem, was ich euch hier sage, tut; denn was hier gegeben wird, ist geschautes Wissen. Das lebendige Wort wird sich manifestieren; denn das lebendige Wort befindet sich schon in den Geburtswehen der Manifestation. Vieles von dem, was ihr hier hören werdet, befindet sich bereits im Prozeß des Geschehens und vieles wird sich noch aus diesem Geschehen heraus entfalten.

Nun, *Zeit.* Zeit ist eigentlich eine Illusion. Jene, die die unsichtbare Welt nicht wahrnehmen, sind eigentlich Heuchler, denn sie verehren die Zeit. Sie leben nach dem, was Uhr genannt wird, sei es nun eine Wasseruhr, eine Sanduhr oder eine mechanische Uhr; und *Zeit* ist unsichtbar. Da Zeit eine Illusion ist, ist sie keine absolute Wahrheit. Denn die Illusion schwankt in Abhängigkeit von jenen, die sie erschaffen.

Was ich euch hier berichte, wird in diesem Augenblick so gesehen, wie es jetzt ist. Viele von euch fragen: "Wie viele Tage bleiben mir noch?" - "Sollte ich das heute tun?" - "Sollte ich es bereits gestern getan haben?" - "Habe ich genug Vorräte?" Was euch mitgeteilt wird, wird sich so eng auf euren Zeitrahmen beziehen, wie ihr fühlt, daß es nötig ist. Und was ich sage, wurde aus *diesem Augenblick* heraus betrachtet und vorausberechnet. Alles, was *jetzt* existiert, ist das Produkt einer erschaffenden Kraft von gestern, von Gedanken, von Einstellungen, von Wünschen, Begehren, und in der Tat von Auswahl. Habt ihr das gelesen? Alles ist das Produkt einer schaffenden Kraft von *gestern!* Gestern habt ihr euch vorgestellt, daß das Heute da sein würde, und hier ist es! Ihr alle *wußtet,* daß das Heute da sein würde, und so ist es für euch alle hier. Jene, die sich das nicht vorstellen konnten, sind nicht hier, um sich daran zu erfreuen.

Euer Leben ist, so wie ihr es erschaffen habt, *manifestiertes Schicksal;* die Art und Weise, wie ihr das lebt, was ihr erschaffen habt, ist Ausdruck dessen, wo ihr steht. Das manifestierte Schicksal hat sich in bezug auf das menschliche Drama, in der Tat in bezug auf das menschliche Element überhaupt, in eurem Leben entsprechend der Auswahlen manifestiert, die ihr, gestützt auf die kollektiven Einstellungen, die ihr habt, trefft. Wenn ihr also in eurem veränderten Ego stecken geblieben seid und euer Leben nichts anderes ist, als eine ständige Wiederholung des Gestern, dann lebt ihr freiwillig mit einer sich wiederholenden Einstellung, die ständig dasselbe Morgen erschafft.

Das Morgen muß kommen; ihr habt zu viele Verabredungen

Morgen - könnt ihr beweisen, daß das Morgen kommen wird? Könnt ihr anders als durch eure Kalender beweisen, daß die nächsten zwei Wochen kommen werden? Sie *müssen* kommen; ihr habt zu viele Verabredungen getroffen, als daß sie nicht kommen könnten. Ihr rechnet damit, daß die nächsten zwei Wochen, von jetzt an gezählt, wirklich kommen - begreift ihr? Das ist die Art und Weise, durch die ihr *wißt,* daß die nächsten zwei Wochen kommen werden. Aber in diesem Augenblick ist es nicht beweisbar, daß sie kommen werden.

Nun, in zwei Wochen, von diesem Tag in eurem Leben an gerechnet, wird sich euer persönliches Schicksal entsprechend den gefühlsmäßigen Einstellungen manifestieren, die ihr heute angesammelt habt; denn eure Leben werden sich in vierzehn Tagen entsprechend dem Wissen, das ihr heute gewonnen habt, verändern. Das wird sich manifestieren, denn wenn ihr eure Realität erweitert und in der Tat auch eure Wahrnehmung erweitert, erweitert sich euer manifestiertes Schicksal ebenfalls. Was ihr hier und heute lest, kann euer Morgen beeinflussen, wenn ihr die Botschaft an eure Seele schickt, um den Wächter von der Tür zu entfernen.

Menschliche Wesen sind sehr wankelmütig. In der Tat - ihr seid schlüpfrige Geschöpfe. Ja, das seid ihr! Die Gesetze des Karma, ewige Sünde und all diese Dinge aus begrenzten Lehren *gehören* zu begrenztem Verständnis, denn wenn ihr die Wahlfreiheit miteinbezieht, könnt ihr *eure Geisteshaltung* jederzeit *ändern*, und dadurch ändert ihr euer Schicksal. Euer Schicksal ändert sich automatisch, denn euer Schicksal ist der *Augenblick,* in dem euer Geist sich befindet, das *Jetzt,* so wie es *jetzt* zu sehen ist. Und wenn ihr eines Morgens aufwacht und eure gesamten Einstellungen verändert, wenn ihr euch nicht mehr wie jammernde, verängstigte Katzen verhaltet, sondern stattdessen mutig wie ein Bär mit einem neuen angeborenen Wissen aufwacht, dann wird sich euer *Jetzt,* euer Schicksal ändern. Ihr seid nämlich sehr flexibel, eure Leben sind sehr flexibel, und alles beruht auf Wahlfreiheit. Wahlfreiheit! Ist es nicht großartiger zu lieben als zu hassen? Ist es nicht großartiger zu vergeben, anstatt sich zu bekriegen? Es ist alles eine Frage der Wahl.

Bedenkt das jetzt einmal. Schaut, wo ihr euch in genau diesem Augenblick befindet, sitzend oder liegend. Dieses *Jetzt,* genau dieser Augenblick der Zeit, ist das Ergebnis eurer Vergangenheit vor vierzehn Tagen. Ihr habt das so vorprogrammiert. Es hat sich so zusammengefügt; so wurde dieser Augenblick erschaffen. Die Menschheit als Ganzes funktioniert nach demselben Prinzip. Ihr seid nicht anders als eure Brüder, die im Weltraum leben. Sie machen *ihr Ding,* wie man das so nennt. Ihr seid *genau* wie sie. Daher ist das Schicksal der menschlichen Rasse in der Tat ein auf den kollektiven Einstellungen basierendes *manifestiertes* Schicksal. Und wie es in diesem Augenblick abzusehen ist, so manifestiert sich das Schicksal im Fluß der Zeit entsprechend der *jetzigen* Einstellung.

Wie kann man über die Zukunft sprechen? Bestimmte Tage und Augenblicke genau anzugeben, ist schwierig. Hingegen ist es einfach, über die Zukunft der Menschheit im allgemeinen zu sprechen - denn die kollektive Einstellung erzeugt manifestiertes Schicksal im Leben eines jeden einzelnen.

In diesem Abschnitt werde ich euch von dem menschlichen Drama erzählen - über die Zerstörung der Menschen und der Natur durch die Menschen. Die Dinge, die im menschlichen Drama abzusehen sind, und die außerhalb des Fensters eurer Betrachtungsweise liegen, basieren gänzlich auf der kollektiven Bewegung der Menschheit in diesem Augenblick. Sie basieren auf den Zielen, die die Menschheit in genau diesem Augenblick hat. Und diese Ziele, so wie sie in diesem Augenblick gesehen werden, sind auf dem Wege, sich zu manifestieren. Erinnert euch: Das, was ihr heute fühlt und innerlich umfaßt, ist Gesetz - es *muß* sich manifestieren, begreift ihr?

Der Wächter verhindert eure Weiterentwicklung

Voraussagen über eure geliebten Brüder, die Menschen, zu machen, ist einfach. Obwohl ihr die Möglichkeit habt, euch jederzeit zu ändern, war das menschliche Wesen die meiste Zeit der einzige Teil dieses sich ewig wandelnden Universums, der sich nicht veränderte. Die Natur ist

Ausdruck der Pracht GOTTES, sich entwickelnd, sich immer wandelnd, sich immer vorwärts bewegend und doch niemals Perfektion erreichend; denn was ihr Perfektion nennt, ist eine Begrenzung. Und dennoch gibt es in diesem sich immerwährend entwickelnden Universum eine Spezies, die sich weigert, sich weiterzuentwickeln, und sie tut dies aus Angst. Und diese Spezies ist der Mensch.

In diesem Buch werden wir die Voraussagbarkeit und das manifestierte Schicksal der Menschheit als Ganzes ansprechen. Dies beeinflußt sehr direkt die Frage, wer ihr seid, denn das manifestierte Schicksal wird euren Lebensstil radikal verändern. Und das sollte es auch. Durch die Evolution hat die Natur eine Vorwärtsbewegung begonnen, genannt *Ewigkeit.* Diese Bewegung ist einfach festzustellen, denn die Natur bewegt sich trotz der Stagnation der Menschen vorwärts.

Doch wir wollen uns nun euch und euren Brüdern zuwenden, damit ihr versteht, warum das, was ich *“Wendezeit - die künftigen Tage”* * nenne, schneller kommen wird, und warum dies eine so tiefgreifende Wirkung darauf haben wird, wer und was ihr seid, und auch darauf, wo ihr lebt und arbeitet. Erinnert euch, dieses Verstehen bedeutet Wissen. Hört gut zu! Wählt zu verstehen, denn wenn ihr zum Fenster hinausschauen könnt, könnt ihr die Richtung eures Weges ändern und so alles überleben.

Überleben ist hier ein sehr wichtiges Thema, denn in den kommenden Tagen wird es für euch dringend notwendig sein, euren eigenen Weg zu gehen, euch in Übereinstimmung mit der Natur vorwärts zu bewegen; dadurch werdet ihr viele der kommenden Dinge überleben. Und ihr werdet in der Zeit, die ihr braucht, um dieses Buch zu lesen, etwas über alle diese Veränderungen lernen. Das Wissen aus diesen Informationen bietet euch die Möglichkeit, alles zu überleben. Es gibt euch auch Erleuchtung und führt euch aus der abergläubischen Angst und dem Dogma heraus, die euch in Unwissenheit gefangen hielten. Die, die alles das, was kommen wird, überleben werden, sind jene, die ein fortgeschrittenes Wissen haben. So laßt uns also anfangen.

---

*Ramtha - Intensiv: *Wendezeit - die künftigen Tage* erschienen 1990 im IN DER TAT VERLAG (s. Buchliste).

Ein Schatten fällt auf die Welt

ICH HABE AN ANDERER STELLE über Mann und Frau und die Erschaffung des veränderten Ego gesprochen. Der Grund dafür, daß die Menschheit in ihren Wiederholungsmustern steckengeblieben ist, liegt darin, daß ihr das veränderte Ego erschaffen habt. Dieses veränderte Ego ist in der Tat der Antichrist; ihm ist in der Tat die Schlechtigkeit des Menschen zuzuschreiben; es ist in der Tat das vertraute Muster, nach dem *alle* Menschen, sogar schon zu meiner Zeit, gelebt haben. Es wurde das Image, die Identität. Und das Image und die Identität sind hungrige Bestien, die dauernd gefüttert werden müssen.

Wenn ihr durch euer verändertes Ego lebt, dann zerteilt ihr die Kraft eurer Göttlichkeit. Ein Teil eurer Göttlichkeit wird dazu benötigt, um die Kraft aufzuwenden, eine gute Miene aufzusetzen, all die richtigen Dinge zu tun, all die richtigen Dinge zu sagen und *immer* auf die richtige Art und Weise zu leben. Es kostet Energie - eure Lebenskraft - die Maske aufrecht zu erhalten. Und dennoch ist die unterdrückte Göttlichkeit das große Ego, der innere GOTT. *Das* ist die Stagnation der Seele, die sich 35.000 Jahre lang nicht weiterentwickelt hat. Alles wurde dazu verwendet, das Image zu bewahren. Seid ihr es noch nicht müde?

Nun zum Image: Wenn jemand für das Image lebt, dann gibt es bestimmte Dinge, die er tun muß, um das Image am Leben und wohlauf zu erhalten. Bis vor kurzem dachten Männer, sie müßten bestimmte Dinge tun, um ein Mann zu werden. Und Frauen fürchteten, sie könnten nur überleben, indem sie bestimmte Dinge täten, so daß ihr Überleben in der *Männer*welt gesichert würde. Und je mehr ihr in das Verstehen der Entwicklung der Seele hineinwachst, um so bereitwilliger werdet ihr das veränderte Ego und seine Rolle, die es bis heute spielt, verstehen.

Nun, wir werden hier vom *Mann*, vom männlichen Geschlecht sprechen. Im Zuge der Veränderung ist das *männliche* Geschlecht dafür verantwortlich, was sich ökonomisch in eurer Welt ereignet. Das männliche Geschlecht ist verantwortlich für das, was sich in eurer Welt hinsichtlich der Hungersnöte ereignet. Das männliche Geschlecht ist dafür verantwortlich, was sich in eurer Welt im Hinblick auf Kriege ereignet. Wir werden daher vom Mann sprechen - von *Männern.*

Zur Schaffung einer Trennung von den Frauen war es für den Mann schon vor langer Zeit notwendig, keine Verbindung mit einer Frau zu haben, denn Gott war schließlich ein Mann. Sein *Sohn* war ein Mann und man stellte sich vor, daß auch der *Heilige Geist*, was immer das auch sei, ein Mann wäre! Nach männlichem Verständnis war im Endeffekt der Mann göttlich und die Frau nur dazu da, ihm zu dienen. Folglich konnte sie Göttlichkeit nur durch die Fürbitte, die ihr Ehemann für sie bei Gott einlegte, erreichen. Vor vielen Jahrhunderten, als die Vorstellung aufkam, Frauen seien seelenlos, begann sich im Mann ein deutlicher Charakterzug zu entwickeln. Aus Angst, über sich nachdenken zu müssen, mußte sich der Mann gewisse emotionale Fähigkeiten aneignen, die es ihm ermöglichten, sich selbst zu *erhöhen*, während er die Getrenntheit von der Frau aufrechterhielt. Und alle jene Emotionen, aus denen euer *Image* besteht, befinden sich heute noch unterdrückt in eurem Körper.

Nun, über das Image wollen wir hier ja sprechen. Ein Mann durfte nicht weinen. Er durfte kein Mitgefühl und keine Zärtlichkeit zeigen. Er durfte weder eine Träne über einen schönen Augenblick vergießen, noch konnte er innehalten, um das seidige Blütenblatt einer wildwachsenden Blume zu fühlen. Denn wenn er das getan hätte, wäre er als schwach angesehen und deshalb mit einer Frau verglichen worden, die, wie wir alle wissen, nicht für göttlich gehalten wurde. Der Mann mußte immer erfolgreich sein, er mußte ein *Sieger* sein, er konnte einfach kein Versager sein; denn ein Versager stand mit einer Frau auf einer Stufe. So beschloß der Mann, daß es nicht nur seine Aufgabe sei, die Welt durch seine Fruchtbarkeit zu bevölkern, sondern sich auch um all ihre anderen Angelegenheiten zu kümmern. So begann der Mann, ein Image zu ersinnen und zu erschaffen, in dem die Gier nach Selbstbestätigung die Hauptkraft darstellte; das war es, wofür er arbeitete, was er wünschte und was er begehrte. Wenn der Mann schlief, dann waren seine süßen Träume nicht mit Flieder und kleinen Kindern erfüllt. Seine Träume handelten von der Eroberung anderer Männer und davon, in ihren Augen als mächtig angesehen zu werden.

Nun, obwohl dies nun schon 35.000 Jahre nach eurer Zeitrechnung andauert, festigt jede *einzelne* Lebenszeit, jede *Generation* die Trennung von Mann und Frau und ihr jeweiliges Image. Sogar eure Lehren über GOTT durch die sogenannten Religionen haben die Männer von den Frauen getrennt, sogar während sie beten. Entsprechend diesem vom Mann erschaffenen Image war sein höchstes Ziel nicht die *Liebe,* sondern sein höchstes Ziel bestand darin, Macht zu haben, denn diese Macht bereicherte sein Image und machte ihn glaubwürdiger.

Während das höchste Ziel der Frau darin bestand, ihren perfekten Mann dazu zu bringen, sie zu lieben, lag das höchste Ziel ihres perfekten Mannes entsprechend seinem Image in Geschäften und Macht, und nicht darin, eine Frau zu lieben. So versteht ihr jetzt, warum Männer ihre *Liebschaften,* wie wir sie nennen wollen, so leicht nahmen - warum sie herumhurten und sich im Heu wälzten. Versteht ihr? Das bedeutete ihnen nichts, es stand nur für sexuelle Befriedigung und Erleichterung.

Nun, im Laufe der Jahrhunderte wurde dieses Image immer mächtiger. Es war der *Mann,* der König war, und in der Tat war es der *Mann,* der Krieger war. Es war der Mann, der Eroberer war; Männer zettelten dauernd Kriege untereinander an, wobei sie häufig die Entschuldigung, *es sei Gottes Wille* verwendeten, um dadurch ihr verändertes Ego, dieses große Image, nach dem sie leben *mußten,* zu befriedigen. In jeder Lebensspanne bestand das Ziel dieser Seelen darin, Macht zu gewinnen, nicht etwa Liebe, denn die Liebe paßte nicht gut in das veränderte Ego. Die Liebe ruht im inneren GOTT, im Ego, nicht in dem Image des Ego, in dem Image, das auch euch alle, die ihr dieses Buch lest, überzieht.

Bald vergessen sie, was ihr in den Zirkussen vollbracht habt

Macht. Wenn ihr Eroberer werdet und euch gegenseitig erobert, habt ihr Macht, nicht wahr? Aber sie ist so vergänglich, denn die Massen sind wankelmütig und schon bald vergessen sie, was ihr in den Zirkussen vollbracht habt. Also *müßt* ihr wieder hinaus und noch mehr erobern. Und ihr müßt immer weitermachen, um euch selbst zu verherrlichen. Und *diese* Verherrlichung, erinnert euch, wird durch das Image unterdrückt. Die natürliche Herrlichkeit, die in euch ist, wird durch das veränderte Ego unterdrückt, so daß ihr nicht einmal die Möglichkeit habt, wahre Herrlichkeit zu *fühlen*. So müßt ihr euch eben noch mehr anstrengen!

Wißt ihr eigentlich, daß euer verändertes Ego als Wächter an der Tür zu eurer Seele, zu eurem Unterbewußtsein steht? Es erlaubt nicht, daß irgend etwas in die Seele gelangt, was nicht zu seinem Image paßt. Mit anderen Worten: Stellt euch vor, jemand würde zu euch sagen, daß ihr geliebt werdet. Euer verändertes Ego würde nur antworten: "Verschwinde, hau ab!", und so würde dieses Gefühl die Seele niemals erreichen, um dort gefühlt zu werden. In jedem Leben läßt das veränderte Ego nur das in die Seele hinein, was seinem Image entspricht; das ist der Grund, warum ihr euch schon so lange auf eingefahrenen Gleisen bewegt.

Zurück zu den Männern. Diese Männer fuhren fort zu kämpfen. Die Sieger bildeten Stämme, dann Regierungen und Königreiche, um das Volk zu regieren, oft im Namen Gottes, *ihres* Gottes, welcher Gott es auch immer war. So begann der Terror, daß ein Land das andere eroberte, und es begann das menschliche Elend, das Abschlachten und der Gestank, der sich 35.000 Jahre fortsetzte.

Was war für den Eroberer wichtig? Daß er sich der Schätze seiner Opfer bemächtigte, sie ausplünderte; denn das bewies, daß er gewonnen hatte, wie ihr wißt. Deshalb findet ihr antike Schätze über die ganze Welt verstreut und mit solchem Stolz ausgestellt. Kostbare antike Kunstwerke befinden sich in Mausoleen und Museen; sie sind Glanzstücke von Auffahrten und Straßen mit Grasstreifen in der Mitte. Und ihr betrachtet sie mit großem Stolz: "Ja, ja, das war Cleopatras Strikknadel", oder was immer es ist, und jeder sagt: "Oh, ist das nicht wundervoll? Es ist herrlich! Es ist ein Kunstwerk!" Und niemand fragt: "Wie haben wir es eigentlich erworben?"

Auf diese Weise wurde der Erwerb von gestohlenen Schätzen als Errungenschaft *verehrt*. Ist euch klar, daß das Ausstellen des Raubes aus einem *eroberten*, in Besitz genommenen Königreich heute noch hochgeachtet wird? Und die Räuber sind sehr selbstgerecht - sie zogen in den Krieg, sie eroberten, sie nahmen in Besitz. "Ich kam, sah und siegte!" - ein Satz, der die gesamte menschliche Existenz hindurch geprochen wurde. Es bedeutet nichts, die Grabstätte eines verstorbenen Königs auszurauben und seine Schätze um der Geschichte willen wegzunehmen; und es bedeutet nichts, ein Königreich anzugreifen und sein Volk zu versklaven. Egal ob die Beute eines Krieges aus den Schätzen der eroberten Nation oder aus der Versklavung ihres Volkes bestand, der Raub wurde von euren Vorfahren legitimiert.

Das Erobern und Plündern setzte sich einige Zeit fort. Dadurch besaßen alle Könige jederzeit ausreichende Goldreserven und das Menschenpotential, das sie benötigten, um jeden Feldzug zu beginnen und jeden Standort einzunehmen - sie waren *sehr* wohlhabend. Der Eroberer nahm den Eroberten ihr Land weg, und in diesem Prozeß rodeten sie die Wälder, um Getreide anzubauen. Sie beuteten das Land aus. Sie nahmen die Produkte des Landes und schickten sie in ihr eigenes Land, um ihre Horden und die Menge in den Straßen zu sättigen. Die Politiker mußten die Menge zufriedenstellen, wißt ihr das nicht? Sie mußten dafür sorgen, daß die Bäuche gefüllt sind und sie mußten für ihre Unterhaltung sorgen. Warum? Weil es wichtig war, Wähler zu haben, als das in Mode kam; es ist das *Volk*, das seinem König die Macht erhält.

Was geschah mit den Ländereien einiger dieser exotischen Staaten, an die ihr euch nicht einmal erinnern könnt, Ländereien, die einst mit alten Wäldern und reifem, duftendem, süßem Gras bedeckt waren? Was geschah mit ihren funkelnden Schätzen, die sie mit Sorgfalt gefördert hatten, damit die Erde nicht zerstört würde? Sie wurden im Laufe der Zeit von erobernden Königen *verwüstet*. Und alles, was noch übrig ist, sind Gebiete, die wie Wüsten aussehen, Steppengebiete, *Ödland*, wo einst fruchtbare Wälder wuchsen und geheimnisvolle

Nachtwesen lebten. Jetzt gibt es dort nur noch Staub - ganz und gar nicht geheimnisvoll.

Die französische Lektion

Dieser Abschnitt der Geschichte dauerte eine ganze Weile an, bis eine wundersame Wesenheit namens Napoleon die Bühne betrat. Habt ihr schon einmal von ihm gehört, hm? Nun, vor ihm gab es all die anderen Kaiser. Ein Kaiser hatte es bis dahin nicht nötig hinauszugehen und die finanziellen Mittel für einen Feldzug aufzutreiben; ein Kaiser marschierte einfach los und nahm sich, was er brauchte. Doch dann erschien dieser große Eroberer mit seinen Träumen von Ruhm, dem Traum, sein Land wieder aufzurichten, damit es wieder die Vorherrschaft in der damaligen Welt übernähme. Doch sein Land war bankrott, weil das Volk, der Mob, wenn ihr so wollt, den Adel gestürzt hatte. Ihr wißt schon: Kopf ab! Kopf ab! Kopf ab! Das Ergebnis war, daß sie sich von jeglichem adligen Blut, das es zu jener Zeit in diesem Lande gab, befreiten, denn sie gaben den Adligen die Schuld für ihre unglaubliche Armut. Und sie hatten recht damit.

So erschien also dieser Eroberer, um sein geliebtes Land aus der Gosse emporzuheben und es wieder an seinen alten Platz der Vorherrschaft zu führen. Und gleichzeitig erschien auch ein verspieltes Wesen, ein Mensch, der erkannte, daß er bei diesem Unternehmen einen ordentlichen Gewinn machen könnte. Er finanzierte Napoleon und seine Feldzüge, gab ihm großzügige Darlehen, damit er ausziehen und erobern konnte, und welche Beute Napoleon auch immer nach Hause bringen würde, mit ihr könnte er seine Schulden zurückzahlen. Ihr versteht mich? Ja. Nun, erinnert euch: die Frauen blieben zu Hause, und die Männer zogen ins Feld (und ein paar Schwächlinge blieben ebenfalls zurück und kümmerten sich um die Frauen).

Man nennt sie Graue Männer

Und so wurde mit Napoleons erster Eroberung das geboren, worüber ihr im Rest dieses Buches etwas lesen werdet. Man nennt sie Graue Männer.

Die Wesenheit, von der Napoleon sich mit Gold versorgte, erschuf ein wunderbares System der Unterstützung und Finanzierung von Eroberungsfeldzügen. Es stellte sich heraus, das dies ein *sehr* lukratives Geschäft mit sehr schönen Gewinnen war; ein Geschäft, daß das Antlitz der Welt verändern sollte. Und dieser erste Geldgeber hatte einen wichtigen Gedanken. Er erkannte, daß er, wenn er in diesem Geschäft erfolgreich sein wollte, *keinem einzigen* Land einen Treueeid schwören durfte. Sein Geschäft begann sich auszuweiten. Es war ihm klar, daß er als Unternehmer, als Geldgeber für jeden, der Krieg spielen wollte, sich mit keinem Land verbünden durfte, sondern daß er lediglich dazu da war, die Bedürfnisse zu erfüllen.

Dieser spezielle *erste* Graue Mann hatte keine Frau, für die er sorgte und die er liebte. Aber er hatte Söhne. Sie waren sein Schatz, bedeuteten sie doch, daß sein göttliches Erbe fortbestehen würde. Und das tat es. Dieser Mann hatte in seinem veränderten Ego nur eine Vorstellung: das Erreichen *äußersten* Reichtums. Nun, eines ist klar, keiner will Geld um des Geldes willen, sondern es geht darum, was man damit anfangen kann. Und für das Image dieses angehenden Grauen Mannes war die Erlangung von Wohlstand der Schlüssel, der die Tür zur Macht öffnete. Es war nicht das Geld, es war die *Macht*, die sein Bedürfnis, sein Image, erfüllte.

Nachdem ihm seine Investition einen *großen* Gewinn eingebracht hatte, erkannte dieser Graue Mann sehr schnell, daß er beide Seiten gegeneinander ausspielen konnte, und das tat er auch. Er half einem Land namens Österreich und einem Land namens Polen.

Schon bald strichen dieser Mann und seine Söhne von jedem, der in einen Konflikt verwickelt war, ganz anständige Gewinne ein. Sie kamen darauf, daß das *Schüren* von Konflikten ihnen zum Vorteil gereichte. Folgt ihr mir? Ja, euch scheinen langsam einige Lichter aufzugehen! Je mehr sie die Konflikte anheizten und damit die veränderten Egos der lüsternen Könige und Eroberer nährten, um so mehr profitierten sie davon und um so mächtiger wurden sie selbst.

Eine sehr angenehme Begleiterscheinung dieser Macht war die Möglichkeit, ihre Söhne und die Menschen, die von ihnen abhängig waren, auf sehr einflußreichen Posten unterzubringen. Mit anderen

Worten, wenn der König sagte: "Nein, ich gebe diesen Posten meinem dritten Cousin zweiten Grades", dann antwortete ihm dieser nette, freundliche, kleine Graue Mann: "Ach, das ist aber schade, denn ich bin wirklich der Meinung, daß derjenige, den ich für den Posten empfohlen habe, sich hervorragend eignen würde; doch wenn das nicht möglich ist, dann *muß* ich Euch bitten, mir alles zurückzuzahlen, was Ihr mir schuldig seid, und zwar natürlich so schnell wie möglich." Daraufhin ging der König in sein Schloß zurück, biß sich die Fingernägel, kaute an ihnen herum, fluchte, knirschte mit den Zähnen und kehrte mit den Worten zurück: "Oh, ich würde mich freuen, wenn Eure Person diesen Posten übernehmen könnte."

Der Schatten hat Gestalt angenommen

Seit Napoleons Zeit hat der Einfluß der Grauen Männer unglaublich zugenommen, doch sie haben ihre Macht im persönlichen Kreis und innerhalb ihrer direkten verwandtschaftlichen Linien festgehalten. Sie begannen, Banken zu errichten. Sie begannen, Regierungen zu beeinflussen. Sie begannen, die Könige und die Führer dieser Regierungen zu beeinflussen. Und diejenigen, die sich weigerten, das Spiel der Grauen Männer mitzuspielen, wurden von der Goldversorgung abgeschnitten, und sie fanden sich plötzlich auch von jenen Ländern abgeschnitten, mit denen sie zuvor gute Beziehungen unterhalten hatten. Bei der großen Hure, die Europa hieß, wurde alles durch die Macht des Goldes diktiert und durch das Papier, auf dem der Wert geschrieben stand.

Nach Beginn des 19. Jahrhunderts (sozusagen um 1800) erbte ein großer Mann von diesen besagten ersten Grauen Männern diesen wunderbaren Wirtschaftsplan. In seinen Händen und in denen seiner Familie gedieh er weiter; und diejenigen, die auserwählt wurden, mit ihm zusammenzuarbeiten, begannen, Europa zu kontrollieren.

Nachdem Napoleon das erste Mal manipuliert worden war, wurde jeder weitere Krieg von den Grauen Männern und deren Familien inszeniert und finanziert. Und wenn es keinen Anlaß für einen Krieg gab, dann schufen sie einen. Um jeden Preis. Erinnert euch, diese Grauen Familien waren mit keinem Land verbündet. Deshalb fühlten sie sich auch keinem Gesetz irgendeines Landes oder irgendeiner Religion verbunden. Sie waren selbständig, was es ihnen ermöglichte, ihre Unternehmungen ganz gut voranzutreiben. Sie machten Leute aus dem gewöhnlichen Volk zu Diktatoren, indem sie deren verändertes Ego unterstützten. Sie inszenierten Mordanschläge. Sie erfanden Beschuldigungen, Aufstände und Streitigkeiten, alles nur der Macht willen. Geld, nun gut, aber das Geld brachte ihnen die Macht, denn jeder Mensch hat seinen Preis und selbstverständlich hatte auch jedes Königreich seinen Preis. Könnt ihr mir folgen? Habt ihr dieses Drama schon einmal auf der Bühne gesehen?

Der Name dieses Mannes aus dem 19. Jahrhundert war Rothschild; habt ihr diesen Namen schon einmal gehört? Merkt ihn euch gut, denn ihr werdet schon sehr bald sehen, wie von dieser Familie ein weiteres Abbröckeln der Gleichheit unter den Menschen in der ganzen Welt bewirkt wurde.

Im Jahre 1857 hatte diese Dynastie Personen, die mit ihnen verbündet waren, in ganz Europa in wichtigen Positionen, in Positionen mit Entscheidungsbefugnis, untergebracht. Auch in anderen Ländern der ganzen Welt hatten sie sie postiert. Und sie begannen, sie auch in Amerika einzusetzen.

1857 trafen sie sich in London. Dort planten sie sämtliche Kriege, die in Europa und in den amerikanischen Ländern stattfinden sollten, bis hin zum letzten Krieg, dem Zweiten Weltkrieg; ja, bis in diese jüngste Zeit.

Diese Familien waren auch diejenigen, die den Krieg zwischen den Nord- und Südstaaten Amerikas angestiftet haben. Diese Familien bewirkten in Zusammenarbeit mit den Waffenherstellern, die *ebenfalls* mit keinem Land verbündet waren, den Ausbruch des Bürgerkrieges in Amerika. Die Schlachtfelder waren manipuliert; der Norden wollte den Wohlstand des Südens. Die Versklavung von Menschen war nicht der Grund für diese Plage, sondern lediglich eine Ausrede. Die Sklaven waren bereits dabei, ihre Freiheit zu gewinnen, lange bevor dieser Aufstand ausbrach. Der Krieg wurde ersonnen, um den Wohlstand des Südens unter Kontrolle zu bringen.

Präsident Lincoln war ein großer König, (Anm. d. Übers.: Ramtha nennt die Staatsoberhäupter meistens "Könige") das sollt ihr wissen. Es hat bisher keinen Präsidenten der USA mehr gegeben, der mit ihm vergleichbar gewesen wäre. Seit seiner Wahl hatte diese Persönlichkeit einzig aus wirtschaftlichen Gründen angestrebt, von Europa kein Geld mehr zu kaufen. Er wußte auch über den vorbereiteten Konflikt Bescheid, in dem Bruder gegen Bruder aufgehetzt werden sollte. Er versuchte *verzweifelt,* für sein Land und dessen Volk ein gesetzliches System zu erlassen, nach welchem Amerika sein eigenes Geld besitzen würde, anstatt es von Europa zu kaufen. Als er dann schließlich die Entscheidung getroffen hatte, für sein Land und um die Unabhängigkeit seines Volkes zu sichern, eigenes Geld zu drucken, und zwar *ohne* Zinsen, da wurde er beiseite geschafft. Er stellte ganz einfach eine Bedrohung für das in Europa bereits festverwurzelte System dar; für ein System, das zum damaligen Zeitpunkt die Weltwirtschaft und sogar schon die Wirtschaft dieser neuen und noch unerfahrenen Nation beherrschte. Es war kein Verrückter, der diesen wundervollen Mann umbrachte, sondern ein gedungener Mörder. Die Folge davon war, daß das Geld aufgrund ausländischer Interessen weiterhin nach Amerika floß.

Kommen wir nun zum Ersten Weltkrieg - dem sogenannten "Großen Krieg". Ein interessanter Name für einen Krieg: der *Große* Krieg. Dieser Krieg wurde nicht nur von den amerikanischen Bankiers geschürt und finanziert, sondern auch von den Bankiers in England und der Schweiz. Er wurde deshalb eingefädelt, um das schon oft vorgeschlagene Besteuerungssystem einzuführen, das die Grauen Männer dem amerikanischen Volk aufbürden wollten. Dieser Krieg wurde inszeniert, um die Amerikaner *miteinzubeziehen.* Er wurde inszeniert, um Europa zu unterwerfen. Er wurde inszeniert, um auch weiterhin die Geldkontrolle durch die Grauen Männer in den Vereinigten Staaten zu sichern; und alles lief wie geplant.

Erinnert euch: Die Banken in Amerika und in England und in der Tat auch die in den anderen Ländern der Welt unterstützten diesen Krieg. Die Amerikaner waren damals gerade dabei, ihre Freiheit, ihre Möglichkeiten und ihr Land zu entdecken. Oh ja, es waren schwere Zeiten, aber sie hatten einen wichtigen Grund gehabt, der sie hauptsächlich veranlaßt hatte, Europa zu verlassen: *Die Freiheit!* Sie konnten ihrer religiösen Verehrung so Ausdruck verleihen, wie sie wollten, sie konnten leben, wie sie leben wollten, und sie wurden nicht mehr von den Tyrannen ihres Heimatlandes unterdrückt. Amerika war nicht nur für Menschen eines speziellen Glaubens bestimmt, sondern es bildete sozusagen den Schmelztiegel der Welt. *Die Freiheit* - und diese Freiheit genoß jedermann in Amerika *in höchstem Maße.*

Ihr dürft nicht vergessen, daß Amerika zu dieser Zeit gerade einen schrecklichen Krieg um Kuba hinter sich gebracht hatte.* Schon jemals davon gehört? Aber ihr habt sicher schon von "Rough Riding Ted"** gehört. Ich will euch sagen, daß Kuba einst eine herrliche Insel war, mit einem herrlichen Volk. Sie waren keine Revolutionäre, sie waren brave *Bauern.* Sie hatten keinerlei revolutionäre Pläne; und dennoch wurde propagandistisch von *den Feinden dort unten* und von *einer Bedrohung des Weltfriedens,* den dieses kleine Bauernland darstellen sollte, berichtet. Durch Bauern?!

Dabei hatten die Waffenhersteller ihre Hände im Spiel; sie waren diejenigen, die den Krieg anstifteten und die die Aufwiegler und Revolutionäre *importiert* hatten. Und so zog Amerika in den Krieg, um die kubanischen Aufwiegler niederzuschlagen. Wißt ihr, wen sie niedergemetzelt haben? Arme Bauern, die keine Ahnung davon hatten, worum es überhaupt ging, die niemals an einen Krieg gedacht hatten. Für sie gab es nur ihre Ernte, ihre Kinder, ihre Liebe zu Gott und ihren Glauben an ihre Kirche. Sie hatten niemandem etwas zuleide getan, aber sie waren *Aufwiegler*, und sie mußten beiseite geschafft werden. Dieser Krieg war von den Grauen Männern inszeniert worden.

Es kostete eine Menge Anstrengung, Amerika in den ersten Weltkrieg zu verwickeln, weil sich niemand darauf einlassen wollte. Da den Grauen Männern die meisten Medien gehörten, ... wißt ihr, was Medien sind? Ich habe diesen Ausdruck gelernt! Die Grauen Männer besitzen sie *alle,* wißt ihr, die Zeitungen, die ihr lest, die Fernsehprogramme, die ihr euch anschaut, die Illustrierten, die ihr durchblättert, die Radiosender, die ihr hört. Denn es ist wichtig, über das Kontrolle zu haben, was ihr lest, seht und hört. So schrieben sie den Zeitungsverlegern vor, was sie zu drucken hätten und was nicht. Nun, so machten sie weiter und weiter mit ihren Medienkampagnen über diesen Krieg und über

*Anm. d. Übers.: Amerika befand sich von 1898 bis 1901 mit Spanien im Krieg um Kuba, das 1901 Republik wurde.

** Anm. d. Übers.: populärer Scherzname für Theodore Roosevelt, der von 1901 bis 1909 Präsident der Vereinigten Staaten war.

den Patriotismus der Amerikaner. Und diejenigen, die nicht mithalfen, das Freiheitsbanner zu schwenken, wurden als Verräter betitelt. Die Menschen wurden sehr geschickt manipuliert!

In den USA gab es damals eine sehr heiße politische Kampagne, die sicherstellen sollte, daß sich die USA in den Krieg einmischen würde. Wißt ihr, was sie dann schließlich darin verwickelt hat? Welcher Vorfall war es? Richtig - es war ein sinkendes Schiff! Habt ihr gewußt, daß die Passagierschiffe, die aus Amerika ausliefen, geheime Waren an Bord hatten? Sie transportierten Kriegsmaterial, noch bevor die USA in den Krieg eingetreten waren. So wurde Amerika hineingezogen. Und wie tapfer von all seinen Söhnen und einigen seiner Töchter, in diesem Krieg zu sterben! Es war ein Krieg für die Freiheit, um Freiheit zu schaffen, um Europa vor der Bedrohung durch Deutschland zu retten! So ein Unsinn! All das stimmte überhaupt nicht, es war propagandistische Manipulation.

Als dann alles vorbei war, hatte Amerika gewaltige Anleihen gemacht, um seine Kriegsschulden zu tilgen. Deshalb wurde der raffinierte Vorschlag unterbreitet, daß die beste Möglichkeit, die Schulden zurückzuzahlen darin bestünde, dem Volk eine weitere Steuer aufzuerlegen. Die Steuer wurde beschlossen. So zahlte das Volk Steuern, um die Darlehen an die Grauen Männer zurückzuzahlen, die nun endlich Profite aus ihren Investitionen erhielten. Aber die Grauen Männer wollten noch mehr Steuern, und mehr und mehr und mehr; denn sie wollten, daß das amerikanische Volk bei ihnen ebenso verschuldet sein sollte, wie es die Völker in Europa schon längst waren.

In jener Zeit der Geschichte geschah eine Menge. Die Medien waren in den Händen der Grauen Männer. Die Amerikaner mußten für einen Krieg Steuern bezahlen, den sie niemals richtig verstanden hatten. Sie hatten niemals richtig verstanden, warum sie kämpfen mußten, sie hatten niemals richtig begriffen, warum ihre Kinder einberufen wurden, um niedergemetzelt zu werden. Die geheimen Hintergründe wurden ihnen nie gesagt, versteht ihr?! Und kurz darauf kam ein anderer Präsident, einer, der "einen Unfall hatte". Er wollte das Spiel nicht mitspielen, weil er das "Notenbankensystem"* zur Kontrolle des

*Anm. d. Übers.: von dem amerikanischen "Federal Reserve System".

Geldes im Lande in Amerika nicht einführen wollte. Daher hatte er bedauerlicherweise einen kleinen Unfall. Und so, das ist nicht schwer zu raten, endete das ganze mit einem neuen amerikanischen Präsidenten.

Die Grauen Männer sagen euch schon, wer der beste Mann im Amt ist. Sie wollen denjenigen im Amt sehen, der bereit ist, ihr Spiel mitzuspielen. Seit ihr Präsidenten und andere Politiker habt und sie nicht mehr Könige nennt, sind viele von ihnen deshalb auf der Strecke geblieben. Ihr wißt auch genau, daß viele von ihnen wegen sogenannter Skandalgeschichten aus dem Amt gejagt worden sind. Und es gibt nicht einen amerikanischen Präsidenten, der wegen eines Skandals seinen Platz räumen mußte, ohne daß dieser Skandal sorgfältig vorbereitet wurde. Überrascht? Und kein amerikanischer Präsident, der sterben mußte, wurde von einem Verrückten ermordet, sondern weil entschieden worden war, daß er zu gehen hatte; denn er wollte nicht mitspielen. Einigen von ihnen stand ihr Gewissen dabei im Wege. Mit anderen Worten, der GOTT in ihnen erwachte und sagte: "Das ist nicht richtig. Bei der Barmherzigkeit Gottes und bei meinem guten Gewissen: Das kann ich nicht tun."

Nun, die Grauen Männer haben ihre Büros an den verschiedensten Orten. Angenommen, ein Politiker weigerte sich, mitzuspielen, dann wurde dies bei einer Versammlung vorgetragen, und die einfache Antwort der Grauen Männer lautete: "Seht zu, daß ihr ihn los werdet!" Somit wurde der nächste, der auf der Warteliste stand, zur Fortsetzung des Spiels aufgerufen, und so ging es weiter, Status Quo. Sind eure Augen geöffnet? Ihr seht hier nämlich Dinge abgedruckt, die bisher nur sehr wenige Wesenheiten mit euch zu teilen wagten! Und ich bin sehr mutig, glaube ich.

Im Jahre 1920 setzten sich die Grauen Männer aus zwölf Familien zusammen. Sie waren es, denen die internationalen Banken und, im wahrsten Sinne des Wortes, die gesamte Schweiz gehörten. Sie waren es, die beschlossen, daß es ab sofort nicht mehr angemessen sei, Gold in den Taschen mit sich herumzuschleppen. Sie waren es, die die Banknoten einführten. Sie errichteten die "Bank von London", ja, ihnen *gehört* die "Bank von London". In jedem größeren Land richteten sie ein führendes Notenbankensystem ein, in welchem *sie* entsprechend ihren Wünschen und ihren Machtplänen das Papiergeld drukken.

Nur der Schatten weiß

Nach einigen unglückseligen Zwischenfällen trat in den USA schließlich der "Federal Reserve Act" (Notenbankengesetz) in Kraft. Das bedeutete, daß die Notenbank jetzt Geld erdrucken konnte, *Banknoten,* die nicht unbedingt von Goldreserven gedeckt sein mußten. Mit anderen Worten, euer Papiergeld ist wertlos. Um ihrer manipulativen Kontrolle willen bauten die Grauen Männer eine Wirtschaft auf, die auf wertlosen Papierfetzen beruht. Noch vor wenigen Jahren war es in Amerika ein Verstoß gegen das Gesetz, Gold zu besitzen; es mußte alles an die Regierung zurückgegeben werden. Gold, müßt ihr wissen, ist in den letzten drei Jahrtausenden das entscheidende Tauschmittel gewesen. Je mehr die Grauen Männer in jedem einzelnen menschlichen Wesen den Sinn für Wert ausräumen konnten, desto kontrollierbarer wurde dieses Wesen für sie. Versteht ihr mich?

Heute ist die "Notenbank von Amerika" eine eingetragene Gesellschaft. Sie druckt "In God We Trust" (Wir vertrauen auf Gott) auf die Dollarnoten. Sie wird von einem Direktor geleitet, der von einem Aufsichtsrat - was immer das ist - ernannt wird; der Aufsichtsrat wird vom Präsidenten der USA ernannt, und dieser wird häufig von ... den Schatten ernannt, so ist es.

Die "Notenbank von Amerika" ist ein Banksystem, das den amerikanischen Bundesstaaten Geld *leiht,* es leiht ihnen jedoch nicht *genügend* Geld, um die Zinsen dafür zurückzahlen zu können, was sie sich schon geliehen haben. Wenn also das Geld in den Kassen etwas knapp wird, und sich die Waren in Übersee nicht so gut verkaufen, wie sie es sollten, dann werden die Darlehen aufgrund der steigenden Zinsen *niemals* abbezahlt werden, denn die Länder haben ja lediglich Papiergeld erhalten. Und dann fangen sie an, seltsame und wunderliche Dinge zu tun, beispielsweise auf alles eine Hypothek aufzunehmen, verschiedene Dinge zu verkaufen, Teile des Landes oder ähnliches. Die USA, dieser große Schmelztiegel, dieses Modell für Freiheit, verkauft sich selbst, um die Staatsschuld leichter zu tilgen! Findet ihr es nicht auch merkwürdig, daß ein Land bei sich selbst verschuldet ist? Wie seltsam! Ich fand das immer *äußerst* merkwürdig. Wer schuldet wem was?

Um ganz sicher zu gehen, daß diese Schuld doch abbezahlt werden könnte, wurde die Einkommenssteuer *noch ein ganz klein wenig angehoben.* Doch dann, am Schwarzen Dienstag, verlor jeder alles, was er hatte, beim großen Börsenzusammenbruch. Der Wert der Aktien fiel ins Uferlose und Menschen stürzten sich in New York aus den Fenstern. Das war wunderbar für die Grauen Männer; denn die Familien, die den Markt kontrollierten und die überall an den wichtigen Stellen ihre Leute zu sitzen hatten, bekamen jetzt die ganz legale Möglichkeit, *mächtige, riesige* Reichtümer zu absoluten Schleuderpreisen zu erwerben. Auch dieser Börsenkrach von 1929 war sorgfältig geplant gewesen.

Nun müssen also beträchtliche, gnadenlose Steuern bezahlt werden, deren Höhe dem Dollarwert entspricht, der wiederum von den Grauen Männern kontrolliert wird. Eure Notenbank gehört keinem von euch. Sie gehört auch nicht eurer Regierung - sie gehört sich selbst.

Euer Land, wie auch die USA, verschuldeten sich sehr schnell. Die Wirtschaftskrise lastete auf allen, weil die Natur nicht mitspielte, so hieß es jedenfalls. Die Menschen hungerten, sie standen Schlange, um Brot zu bekommen - erinnert ihr euch noch an diese Zeiten? Ihr versuchtet, einen Weg zu finden, um aus der trägen Wirtschaftslage und aus der Armut herauszukommen. Also wurde der Zweite Weltkrieg inszeniert.

Die Finanzierung des Größenwahns

Glaubt ihr, daß aus dem Monster Hitler jemals etwas geworden wäre, wenn er nicht finanziert worden wäre? Versteht ihr nicht, daß die Geldgeber, die Deutschland damals finanzierten, mit Hitlers Größenwahn rechneten? Mit anderen Worten, sie setzten auf die Gelüste seines veränderten Egos nach absoluter Macht.

Ich will euch eines sagen: Diese begrenzte Wesenheit war von einer solchen Gier nach absoluter Macht besessen, daß sie sich bereits als *Weltherrscher* sah. Hitler sah sich selbst in der Rolle *der* absoluten Nummer Eins in der gesamten Welt, und er erhielt genügend Streicheleinheiten von denen, die ihn unterstützten, um ihn davon zu überzeugen, daß er es tatsächlich erreichen könne. Hitler war seinem Land wirklich absolut treu verbunden, aber er brauchte auch eine Möglichkeit, weiterhin Reichtum konfiszieren zu können. Und das tat er, indem er ein sehr wertvolles Volk vernichtete - alles unter dem Deckmantel des legitimen Raubes.

Ich möchte, daß ihr folgendes wißt: Eine Bank in New York half mit, Hitler zu finanzieren. Die englischen Banken finanzierten ihn, obwohl England sich mit Deutschland im Krieg befand. Die Rohstoffreserven Amerikas - das Nickel und die Kohle - und all die Rohstoffe, die Deutschland nicht selbst besaß, wurden zu ihnen *hinübergeschifft*. Was meint ihr, woher sie ihr Metall nahmen, um ihre Kriegsausrüstung herzustellen? Von all den Ländern, die den Grauen Männern im wahrsten Sinne des Wortes gehörten. Und Hitler war sehr gut gerüstet, erinnert ihr euch?

Schon bald sagte jeder: "In Deutschland tun sich schreckliche Dinge. Ich glaube, da sollten wir eingreifen." Und die amerikanischen Politiker jammerten: "Wir dürfen die Stärke und Größe Amerikas nicht untergehen lassen, wenn unsere engsten Verbündeten von diesem Monster angegriffen werden ... und wenn wir nicht sehr schnell etwas unternehmen, dann werden wir weder in der Lage sein, den Kommunismus zu unterdrücken, noch den Marxismus, geschweige denn die Bedrohung durch Stalin. Wir müssen in den Krieg eintreten, um die Freiheit zu erhalten."

Hört zu: Es war ein Spiel, ein bedauerlicherweise erfundenes Spiel. Doch gesegnete, einfache Leute schickten ihre Kinder in den Krieg, damit sie dort schmerzhaft, einsam und allein in kalten, mit Blut durchtränkten, schlammigen Schützengräben starben, während die Wirtschaft in den USA gedieh und die Leute jede Menge Geld verdienten; der Lebensstandard stieg und jeder war zufrieden, mit Ausnahme derer, die allein in besagten Schützengräben sterben mußten. Dieser Krieg wurde - selbstverständlich - von der amerikanischen Seite des Atlantik aus finanziert. Und als dann natürlich immer mehr Geld benötigt wurde, um die amerikanische Kriegsmaschinerie in Gang zu halten, da wurden die Steuern der Amerikaner eben noch *ein ganz klein wenig mehr angehoben*, und die Staatsschulden erhöhten sich drastisch.

Hat man euch gelehrt, daß die Alliierten den Krieg gewonnen haben? Hat euch das irgend jemand gesagt? Vielleicht habt ihr davon gelesen - *der Sieg!* Habt ihr es in euren Geschichtsbüchern nachgelesen? Die Alliierten haben den Krieg *nicht* gewonnen. Die Grauen Männer, die den Krieg angezettelt hatten, leben noch immer in ihrem elitären Wohlstand, und sie leiten noch immer diese Welt. Die wahren Eroberer, die hinter der Kavallerie stehen, entkamen dem Scharmützel ohne einen einzigen Kratzer. Und nicht *einer* ihrer Söhne mußte in den Krieg ziehen. Ihr Wohlstand hat aufgrund dieses Geschehens *enorm* zugenommen.

Es gibt soviel über diesen Tanz zu sagen. Was soll ich euch davon erzählen und was nicht ... es ist mein Dilemma zu entscheiden, was zum gegenwärtigen Zeitpunkt für euch zu wissen wichtig ist und was nicht. Wisset dieses: Es wird keinen langen Feldzug mehr geben, nicht in diesem dunklen Zeitalter der Tyrannen.

Der Schatten wächst

DIE BANKIERS SIND international geworden. Sie haben großzügige Darlehen gewährt. Ihr dachtet, ihr hättet bei eurem Land Anleihen gemacht und somit dazu beigetragen, seine Staatsschulden zu erhöhen? Glaubt ihr, daß ihr jedesmal, wenn ihr eure Steuern bezahlt, eine Rückzahlung leistet? Ihr bezahlt die *riesigen* Gewinne der Grauen Männer. Die USA sind - wie die meisten anderen Länder auch - eine Nation, die schon viel zu hoch verschuldet ist, um irgend jemand irgend etwas zu leihen. Trotzdem fahren die Bankiers erstaunlicherweise damit fort, Geld an arme, ums Überleben kämpfende Länder zu verleihen! Wo nehmen die Bankiers denn eigentlich das Geld her, das sie verleihen, wenn die USA so bankrott sind?

Die Bankiers behaupten, sie gewähren diese Anleihen nur deshalb, um diese armen Länder auf den Standard des 20. Jahrhunderts zu heben, um ihre Wirtschaft zu fördern. In den meisten dieser Länder wünscht sich das Volk eine Demokratie. Sie möchten so leben wie die Amerikaner, die Yankees; dies ist ihr größter Wunsch; deshalb sind sie auch reif für eine Revolution.

So werden die Rebellen in Marsch gesetzt. Als nächstes wird dann eine Militärregierung ins Spiel gebracht, und damit ist dann die erforderliche Polarität vorhanden. Daraus entsteht für euch natürlich die Notwendigkeit, dieses Land weiterzuentwickeln, diese Menschen, die nach Demokratie schreien, zu unterstützen. Die Militärregierung ist nur eine zeitweilige Erscheinung. Sie dient nur dazu, den Wunsch nach Freiheit und Liberalität weiter zu nähren. Begreift ihr allmählich den Prozeß? Die Waffenhändler verdienen Berge von Geld. Die Waffen treffen aus den verschiedensten christlichen Ländern ein, sie werden aus der ganzen Welt verschickt, sogar aus Amerika. Selbstverständlich geschieht dies alles nur im Interesse des Volkes, das für die Demokratie *kämpft*.

Sobald diese Veränderung einmal eingesetzt hat, beginnt für den armen Bauern, der zuvor friedlich auf seinem Stück Land gelebt hatte, der keine Steuern bezahlen mußte und seine Familie ernähren konnte, der Gott und seine Kirche geliebt hatte, ein leidenschaftlicher Kampf. Plötzlich findet er sich durch fremde Straßen fremder Städte marschierend wieder, auf der Suche nach Demokratie, und er ist sich nicht ganz sicher, weshalb er dies tut. Er ist ein Teil jenes gesellschaftlichen Bewußtseins, das die Grauen Männer bewußt geschaffen haben, um ihr Image von Weltmacht zu unterstützen. Natürlich wissen wir alle, daß die Demokratie den Sieg davonträgt und daß die großspurigen, bösen, kommunistischen Militärrebellen aus dem Felde geschlagen werden, damit die Fahne der Freiheit wieder weht! Und was braucht dieses junge, zaghafte Land jetzt? Es braucht umfangreiche Darlehen, um eine Nation aufzubauen, um es wie die Yankees zu machen, wie die Amerikaner.

In dem Augenblick, in dem die Rebellen wieder hinausmarschieren, marschieren die Bankiers ein, überglücklich, dem Land Milliarden leihen zu können. Wißt ihr, was ich meine? Mehr als nur ein paar Schekel, Milliarden von diesem Papierzeug; ihr wißt schon, es brennt sehr gut. Sie verleihen Milliarden, und sie wissen ganz genau, daß diese wunderbaren Menschen, die eingesetzt sind, um diese neue *demokratische* Regierung zu führen, das Geld verschwenden werden. Die Grauen Männer *wissen*, daß das Geld verschwendet werden wird, sie wissen, daß dieses kleine Land nicht in der Lage sein wird, seine Darlehen jemals zurückzubezahlen.

Also müssen die Banken ihr Geld einfordern. Der für das Land verantwortliche Führer trägt vor: "Aber wir haben im Moment einfach nicht genügend Geld, um die Darlehen zurückzubezahlen." Und der Vertreter der Bank antwortet mit einem Lächeln: "Verehrtester, das macht doch nichts. Ich bin sicher, daß wir eine Lösung finden werden. Sie tilgen einen *Großteil* Ihrer Schulden einfach dadurch, daß wir die Rechte an den natürlichen Mineralvorkommen in Ihrem Land sowie für die gesamten Ölfunde an Ihren Küsten und im Landesinneren erwerben. Wir akzeptieren das als Tilgung Ihrer Schuld." Und der für das Land verantwortliche Führer antwortet überglücklich: "Was für ein wunderbares Geschäft."

Und genauso geschieht es. Und schon ist das kleine Land kein *Land* mehr. Sicherlich geht sein Bestreben dahin, zu einer Demokratie zu werden, aber es ist eigentlich kein selbständiges Land mehr. Es ist Teil eines grenzenlosen Eigentums, das in eurer heutigen Welt ständig wächst.

Habt ihr eine Vorstellung davon, von wie vielen Ländern der Dritten Welt in der letzten Zeit die Darlehen zurückgefordert wurden? Von ziemlich vielen. Ihr wäret überrascht, wenn ihr wüßtet, wie schnell sich die Grauen Männer an den Verhandlungstisch setzen und wie ruhig die Dinge anschließend in dem entsprechenden Land laufen. Die Industrie hält Einzug; *Dinge*, die außerhalb der Kontrolle des Volkes liegen, werden übernommen, weil *sie* Einzug gehalten haben; die stolzen Landbewohner werden von ihrem Land in die Städte hinein vertrieben. Es spielt keine Rolle, wenn die Bauern ihr Land nicht mehr bewirtschaften. Es spielt keine Rolle, daß der Regenwald Stück für Stück abgeholzt wird. Es spielt einfach keine Rolle - die von den Bankiers finanzierten Entwicklungsplaner halten Einzug und vernichten die Wälder, und das alles im Dienste dessen, was ihr Fortschritt nennt.

Und die Eingeborenen fragen sich, warum sie in den Städten hungern müssen. Und wo bleibt die Hilfe der restlichen Welt, die ihre Unterstützung doch angekündigt hatte, wo bleiben jene ökonomischen Abenteuer, die man Export/Import nennt? Nun, ein Teil davon kommt aus dem Land des Bären (Anm. d. Übers.: gemeint ist die UdSSR), sie haben den Auftrag, es mit Schiffen herüberzubringen. Und wißt ihr, woher das Land des Bären seine Güter importiert? Aus Amerika.

Zur Zeit (Anm. d. Übers.: November 1987) gibt es lediglich *drei* Länder in der *ganzen Welt*, die nicht vollständig im Besitz der Bruderschaft der Grauen Männer sind - nicht *vollständig*. Zwei dieser Länder befinden sich im Kriegszustand, und eines ist irgendwie in Vergessenheit geraten. Jedes andere Land, einschließlich Rußland, wird von den Grauen Männern kontrolliert.

Kennt ihr den Ausdruck "Bolschewiken"? Was meint ihr, wer waren Lenins Geldgeber? Wie konnte Lenin sich aus dem Nichts heraus erheben, um seine ideale Gesellschaft zu verwirklichen? Wie konnte er durch eine Revolution den letzten Zaren stürzen, gnadenlos die gesamte Zarenfamilie ermorden und ganz Rußland von allen Aristokraten befreien, um seine Marxistische Theorie umzusetzen? Die Revolution wurde von denselben Bankiers finanziert, um so das *Stigma* des Kommunismus zu prägen, das in der Zukunft viele Illusionen hervorrufen sollte. Rußland verfügte über die größten Goldreserven in der Welt - wirklich! Außerdem war das Land für eine neue Regierungsform reif, und die bekam es auch. Diese Neue Weltordnung entstammt den Schriften von Karl Marx, der ein elitärer Mann war. Er hat sich sein Gedankengut bei Sokrates ausgeliehen; und nur Gott weiß, woher Sokrates seine Idee hatte, doch seither ist sie von jedem Führer nur verfeinert worden, der sie aber als "ursprüngliche" Gedanken ausgab.

Warum ist der Marxismus eine derart ideale Regierungsphilosophie? Einfach deshalb, weil er eine Welt anstrebt, die von einer sehr kleinen Elite bestimmt wird. Dies bedeutet, daß die Verantwortlichen, also die Reichen und Mächtigen, die Welt und die "animalistischen" Einstellungen des Volkes beherrschen. Marx sprach dem gewöhnlichen Volk jegliche Intelligenz ab. Und die größte Gefahr für den Kommunismus, und in der Tat für diese Theorie des Marxismus, wenn ihr so wollt, besteht darin, daß es niemals eine sogenannte Mittelklasse oder eine mittlere Schicht geben darf. Das Volk *mußte* unterdrückt und beherrscht werden, ebenso mußten das Schulsystem und alle sonstigen Einrichtungen reglementiert werden - das war die ideale Gesellschaft. Und diese Gesellschaft wurde aus verschiedensten Gründen ersonnen, geschaffen und finanziert, und der höchste Zweck bestand darin, dem Entwurf einer endgültigen Gesellschaftsordnung zu entsprechen, wie sie in einigen Jahren erscheinen wird - der "neuen Weltordnung".

Der Kommunismus mußte erfunden werden. Und in Rußland ebenso wie in den anderen kleineren Ländern entstanden aus dem Nichts heraus Revolutionen. Eine Minute zuvor waren die Bauern noch Bauern gewesen, und schon in der nächsten waren sie Soldaten. Zuerst muß eine Polarität vorhanden sein, um im Volk überhaupt den Wunsch nach einer neuen Führung, nach einer Veränderung wachzurufen - es muß eine *Bedrohung* bestehen. Gäbe es die weltweite *Bedrohung* durch den Kommunismus nicht, was hätten die Waffenhändler in den letzten Jahren dann überhaupt zu tun gehabt? Wenn es den Kommunismus nicht gäbe, wer wäre dann eigentlich Amerikas Feind gewesen? Kuba? Versteht ihr mich? Hört zu, wegen des *bestehenden* Kommunismus haben die Amerikaner immer eine Bedrohung ihrer Freiheit befürchtet. Die kommunistische Gesellschaft war auch der Grund dafür, weshalb das amerikanische Volk seine Nase ständig in die Angelegenheiten der anderen hineinsteckte, weil man sie dazu aufgefordert hatte, denn der *Kommunismus* bedeutete eine Bedrohung der Freiheit. Das war von Anfang an eine manipulierte Sache, genauer gesagt, ein Spiel.

Glaubt ihr, die Menschen aus dem Land des Bären seien unbarmherzig und hart? Glaubt ihr, sie hätten keine Seele? Glaubt ihr, daß in ihnen nicht auch ein Erstaunen darüber vorhanden ist, wie all dies erschaffen wurde? Glaubt ihr, daß sie, wenn sie die einfache Erde bearbeiten, sich nicht auch über die Jahreszeiten wundern und darüber, wie aus einem einzelnen Samenkorn das Nahrungsmittel wird, das schließlich auf dem Teller liegt? Sie sind genau wie *ihr,* denn auch sie sind Kinder, sind GÖTTER der Lebenskraft. Wieso haben sie sich vor euch gefürchtet? Weil *ihre* Medien auch beherrscht werden und weil man dem Volk sorgfältig einredet, was ihr imperialistischen Kapitalisten für Menschen seid!

Glaubt ihr nicht, daß sie, wenn es ihnen *direkt* und selbst überlassen gewesen wäre, ihre Grenzen zu euch schon längst geöffnet hätten? Und ihr die euren zu ihnen? Ein Austausch von Brüderlichkeit und Leben, anstatt einer unnatürlichen Demarkationslinie. Stellt euch diese Kontrolle vor, diese Kontrolle und Beherrschung, die ein Mann über eine ganze Nation von Menschen ausüben kann. Das erfordert ein großes verändertes Ego.

Sind diejenigen, die ihr als Kommunisten bezeichnet, eure Brüder? Sie sind *eure* Brüder, sie sind eure Schwestern, sie hassen euch nicht. Sie verstehen euch genauso wenig, wie ihr sie versteht, und die Schranken sind absichtlich auf diese Weise aufrechterhalten worden. Findet ihr nicht, daß eine eiserne Mauer die gemeinste Ohrfeige in das Gesicht der Menschheit darstellt, die ihr jemals gesehen habt? Ich war einmal dort - zu eurer Zeit - und ich habe sie mir angeschaut. Eine Mauer, die eine ganze Nation *aussperren* kann?! Unglaublich!

Das alles mag euch langweilig vorkommen. Es mag euch für euer wichtiges Leben, für die Entscheidungen, die ihr trefft oder für die Art, wie ihr lebt, belanglos erscheinen. Welche Bedeutung sollte dies alles für euch haben? Begreift ihr denn nicht, daß es genau diese Einstellung war, die es zugelassen hat, daß diese Tyrannei auf der ganzen Welt zur Blüte kam? Zur Zeit existieren eure Länder, egal wie ihr sie nennt, ob Amerika, Deutschland oder sonstwie, überhaupt nicht. Eure Verfassung, dieses Stück Papier, das die Vision einer Demokratie spiegeln soll, und eure Rechte, die Gesetze sind, auf die ihr euch berufen könnt, sind das einzige, was euer Freiheitsgewebe zusammenhält. Aber da gab es schon so viele Manipulationen und Verordnungen und Interpretationen, so viele Programmierungen.

Doch das Entscheidendste ist, daß euer Land wie alle Industriestaaten über seinen Wohlstand fett und träge geworden ist. Wie konnte das geschehen? Durch subtile gesellschaftliche Indoktrination. Als eure körperlichen Hüllen von euren Vorvätern und Vormüttern gezeugt wurden, da trugen diese das emotionale Verlangen nach Freiheit in sich. Sie waren keine Kriegsherren, sie wollten keinerlei Schlachten. Ihr habt eine natürliche Neigung, keinen Krieg zu führen, außer mit eurem Nachbarn.

Weshalb wolltet ihr eure Freiheit? Um in Freude zu leben und Glück anzustreben, erinnert ihr euch? Ihr wolltet eure Felder bestellen, in den Städten arbeiten, euer Bier trinken, euren wohlverdienten Lohn einkassieren, ausgehen und Feste feiern ... und eine Mahlzeit einnehmen. Eine Mahlzeit einnehmen? Warum sagt ihr nicht schlicht: “Laßt uns etwas essen gehen!” *Eine Mahlzeit einnehmen.* So ist das mit euch: Ihr nehmt eure Mahlzeiten ein, laßt euch nach der Arbeit und an den Wochenenden unterhalten, und wenn ihr zu Hause seid, lehnt ihr euch zurück und starrt in den Kasten, den Fernseher, denn er läuft die ganze Zeit. Euer ganzes Leben dreht sich um diesen Kasten, er unterhält euch, er hypnotisiert euch, er beherrscht eure Gefühle und euer ganzes Leben *besteht* aus den Dramen, die ihr euch anseht. Was interessiert es euch denn, wer euer Land regiert, solange ihr euren Lohn, euer Bier, eure Unterhaltung und eure *bezahlten* freien Tage habt?

Wißt ihr denn nicht, daß in diese friedliche Lethargie die bemerkenswerte Einstellung eingebettet ist, die der Grund dafür ist, daß nicht nur dieses Land, sondern in der Tat *die ganze Welt* von Tyrannen regiert wird? Weil die Menschen nicht behelligt werden wollen. Sie wollen keine *schlechten* Nachrichten hören. Sie wollen nicht hinausgehen und wählen - was für eine widerliche Angelegenheit! “Es regnete gerade.” - “Dieses System funktioniert ja sowieso nicht.” Sie wollen nicht mit den Entscheidungsfindungsprozessen in diesem Land belästigt werden. Sie wollen lieber irgendwelche Spiele in Fernsehshows ansehen und vielleicht sogar mitspielen, als die Nachrichten zu hören. Peinlich, was? Mit anderen Worten, die Verfechter der Freiheit sind zum größten Teil zu Geschöpfen der Vergangenheit geworden.

Jeder Mensch, der aufgestanden ist und seine Meinung gesagt hat, der versucht hat, dem schlafenden, träumenden Mittelstand Licht zu bringen und in ihm ein gewisses Bewußtsein zu erwecken, wurde so lange verspottet, bis er wieder verschwand. Die Ironie besteht darin, daß sie nicht nur von den Grauen Medien, sondern sogar von denjenigen, die sie eigentlich wachrütteln wollten, verhöhnt und verspottet wurden. Hört gut zu: Das schlafende Volk arbeitet dem Traum der Grauen Männer in die Hände. Das *Volk* verwirklicht das Image der Grauen Männer von ihrer Weltordnung! Alles, was das Fernsehen oder die Zeitungen noch tun müssen, ist, verlauten zu lassen, daß jemand verrückt sei oder daß es in seiner oder ihrer Vergangenheit gewisse peinliche Angelegenheiten gegeben habe. Das reicht schon aus, damit die schlafenden Massen diese Person so verspotten, daß sie das Podium räumt. Das Volk tut dies *anstelle* der Grauen Männer.

Politiker werden nicht geboren

Nun, sehen wir uns doch einmal Amerika und seinen letzten König an (Anm. d. Übers.: gemeint ist Ronald Reagan). Dieser letzter König - Präsident, wie ihr ihn nennt - das ist nur ein anderer Titel, er trägt halt keine Krone mehr - war alles, was das amerikanische Volk sich wünschte. Er *war* es wirklich, deshalb hielten ihn die Grauen Männer für schwach. Er galt als Verfechter der Freiheit. Man sah in ihm auch einen berühmten Mann, und die Amerikaner vergöttern berühmte Leute. Er war idealistisch und wurde in die Position befördert, in der er sich befindet. (Übrigens, ihr werdet niemals das Gesicht eines Grauen Mannes in einer Zeitung oder im Flimmerkasten sehen. Ihr werdet nie etwas über sie hören, sie bleiben anonym. Sie wollen das so. Das ist am besten für ihr Geschäft.)

Ich möchte, daß ihr etwas über diesen letzten amerikanischen König wißt. Er *ist* ein großartiger Mann. Und es gibt noch einen anderen

Grund, weshalb diese Wesenheit dort stand, wo sie stand. Er war nämlich nicht wirklich diese anonyme Marionette, wie ihr vielleicht denkt. Dieser letzte Präsident hatte in sich nämlich auch eine große Liebe zu GOTT und zur Rechtschaffenheit. Die Grauen Männer halten jeden, der an GOTT glaubt, für einen abergläubischen Idioten, und sie erkennen sehr wohl, daß sie diesen Aberglauben ausnutzen können, und daß ihnen ihr eigener *Unglaube* zum Vorteil gereicht. Und so haben sie diesen Aberglauben ausgenutzt.

Ihr sollt wissen, daß dieser letzte amerikanische Präsident GOTT, wie er ihn verstand, wirklich liebte. Zu eurer Information: Er hatte ein ausgeprägtes Gewissen. Während seiner Amtszeit betete er jeden Abend um höhere Führung. Ich weiß es, ich habe ihm zugehört. Sein Wunsch, die amerikanische Kriegsmaschinerie zu verbessern, war rechtschaffen, denn wie alle Menschen aus dem Mittelstand war auch er der Meinung, daß die Freiheit jederzeit durch die Kommunisten bedroht werden könnte. Er war sehr naiv. Er hielt es für äußerst wichtig, die Stärke dieser großen Nation wieder aufzubauen, damit sie ein für alle Mal die Kraft hätte, ihre Grenzen, ihre Verbündeten und ihr Image zu schützen. Das Volk liebte ihn.

Er begann sofort damit, die Zenturionenwache wieder vor Amerikas Tore zu stellen. Dafür war eine Menge Geld erforderlich, und die Notenbank war nur zu gerne bereit, es zu verleihen - sie liebten ihn auch. Die Waffenhersteller liebten ihn, weil er die Rüstung in seinem Land verstärkte. Und er glaubte, er täte genau das Richtige; das müßt ihr verstehen.

Als sich seine Regierungszeit dem Ende näherte und er sich mehr und mehr bewußt wurde, was ihn eigentlich umgab und was in der Welt *wirklich* vor sich ging, da versuchte dieser Mann verzweifelt, das Ruder herumzureißen. In seiner Seele wohnte immer noch eine Unschuld und ein Freiheitsdenken, die in der Tat etwas Besonderes sind, und er liebte dieses sein Land. Mit wenig Kraft, aber sehr sorgfältig ging er daran, ausländische Investitionen aus den USA fernzuhalten. Er erkannte genau, daß ausländische Investoren absichtlich unfruchtbare Anbaugebiete aufkauften, daß sie absichtlich Immobilien aufkauften, daß sie absichtlich Handelsgesellschaften aufkauften. Er unternahm Schritte, um dies zu verhindern, denn dieses Land gehörte dem Volk, keinem anderen Volk, sondern dem *amerikanischen* Volk.

Und es geschah an einem regnerischen Morgen, daß ihm plötzlich vollständig bewußt wurde, wer die Welt eigentlich wirklich regierte. Zum ersten Mal erkannte er, weshalb er nicht die Entscheidungen treffen konnte, die er treffen wollte; und da wurde er schwer krank. Er vertraute niemandem mehr. Habt ihr gehört, daß er mit niemandem sprechen wollte? Er konnte es nicht. Er hatte niemanden, mit dem er über seine Gefühle hätte sprechen können. Dieser König bemühte sich darum, mit Hilfe der Medien das Konzept der Gründung einer eigenen Amerikanischen Zentralbank in die Öffentlichkeit zu tragen, einer Bank, die die Bank des amerikanischen Volkes sein sollte. So bemühte er sich also auf seine Weise, Amerika mit eigenem Geld auszustatten. Diese Idee wurde öffentlich niemals so bekannt wie viele seiner anderen Angelegenheiten. Und der Mann, der ihm bei dieser kleinen Sache helfen sollte, wurde seines Amtes enthoben. Der Name dieses Mannes war Volker.

Dieser letzte Präsident der USA war einer von dreien, die letzten Endes Solons Republik hervorbringen werden - das Superbewußtsein.

Übrigens, ich gehe nicht zur Wahl. Ich veranstalte keine Wahlkampagnen, das hier hat nichts mit Politik zu tun. Ein großer Schriftsteller, Cicero, hat einmal gesagt: "Politiker werden nicht geboren, sie werden ausgeschieden!" Jawohl.

Aber dieser Mann, Amerikas letzter Präsident, versuchte, sich trotz der großen Belastungen, die durch sein Bewußtsein auf seinem Gewissen lagen, zusammenzureißen. Selbst am Ende seiner Amtszeit kämpfte er immer noch darum, das Richtige zu tun; nur daß er einfach nicht wußte, wie er es anstellen sollte.

Hört zu, er *wünschte sehnlichst,* daß der amerikanische *In God We Trust*-Dollar, ihr wißt schon, das Papiergeld, fallen würde. Er hatte gehofft, daß die ausländischen Investoren dann in Amerika nicht länger ein so lukratives Geschäft sehen würden. Im Jahr 1987 nach eurer Zeitrechnung fand ein Treffen zwischen den Grauen Männern und den großen Bankiers statt. In den letzten Tagen des Monats Januar und dann nochmals im Februar fand dieses Treffen statt; die Oberhäupter aller Familien waren anwesend und die mächtigsten Repräsentanten des Ostens. Bei diesem Treffen wurde ihnen der Wunsch des amerikanischen Königs viel klarer und sie beschlossen, mit der Rückforderung ihrer Darlehen zu drohen.

Das amerikanische Volk kann den Grauen Männern *unmöglich* die Schulden zurückzahlen, die bisher aufgelaufen sind, jene Schulden, die sie *ihrer* Notenbank zu zahlen haben. Aufgrund der Naivität ihres Präsidenten benutzen sie weiterhin die Strategie, die Wirtschaft des Landes anzukurbeln. Und als Reagan begriff, was eigentlich vor sich ging, da erklärten sie lediglich: "Wenn Sie nicht die Besteuerung Ihres Volkes weiter erhöhen, um die Schulden abzahlen zu können, dann werden sich die Geldgeber, die sehr viel in Ihren Markt investiert haben, zurückziehen." So fordern sie ihre Darlehen zurück. Es wird kein Geld mehr in das Land fließen.

Was hat das alles zu bedeuten? Nun, vor gar nicht langer Zeit habt ihr einen kleinen Vorgeschmack davon bekommen. Sich am Glücksspiel beteiligen - der Aktienmarkt hat den Boden verloren, wie man das nennt. (Anm. d. Übers.: Ramtha bezieht sich damit auf die Baisse im Oktober 1987.) Mit dieser kleinen Ohrfeige wollten sie euch nur beweisen, daß sie ihre Muskeln sehr wohl spielen lassen können. Was würde es bedeuten, wenn dieses kleine, Japan genannte Land, dessen Bevölkerung sich gerade von seinen schrecklichen Schulden erholt, plötzlich sein ganzes Geld vom amerikanischen Markt abziehen würde? Es ist nur *ein einziger* Mann nötig, der zum gegenwärtigen Zeitpunkt die Aktienmehrheit besitzt, um den totalen Börsenzusammenbruch auszulösen. Und dieser Mann ist einer von denen, die drohen.

Dies geschieht auch in Übereinstimmung mit einem anderen Plan der Grauen Männer, nämlich dem, daß Amerika nicht länger ein souveränes Land, sondern ein vom Außenhandel abhängiges sein soll. Deshalb kann sich Amerika dem Außenhandel nicht verschließen, selbst wenn es mehr Erzeugnisse bei anderen einkauft als bei sich selbst. Und in Wirklichkeit will niemand Amerikas Erzeugnisse kaufen, sie sind alle viel zu sehr damit beschäftigt, ihre *eigene* Wirtschaft aufzubauen. Dieser Handel wurde zu Ungunsten der USA abgeschlossen. Als Ergebnis davon können sie niemandem mehr Vorschriften machen, noch können sie den Umfang der Produkte, die in ihr Land geschickt werden, beeinflussen.

Also, keine Politik der geschlossenen Tür mehr. Und dann kam in Amerika ein Gesetz heraus, das die Amerikaner zwang, diese Handelsgüter zu kaufen, denn, wie ihr wißt, gehören die anderen Länder den

Grauen Männern. Und sie forderten: "Sie werden dieses Darlehen zurückzahlen. Sie werden Ihr Volk höher besteuern. Sie werden ihre Einkommen kürzen. Sie werden einen Kaufstop einführen, und Ihr Volk wird dafür bezahlen müssen. Und wenn Sie sich weigern, werden wir handeln." Und der letzte amerikanische Präsident zögerte, als es darum ging, die Steuern noch höher zu treiben, als sie ohnehin schon waren.

Dieser Präsident rührte sich nicht von der Stelle, obwohl man sich bereits in aller Öffentlichkeit über ihn lustig machte. Wie wurde er am Ende seiner Regierungszeit genannt? Ein lahmer Esel? Esel, oder *Ente*, was auch immer. Also bitte! Es wurden auch noch viel schlimmere Dinge gesagt. Was bedeutet *lahme Ente?* Er wurde öffentlich lächerlich gemacht! Und die Grauen Männer wissen ganz genau, was sie tun. Denn die Menschen, die jetzt die "Eine Weltordnung" repräsentieren, befinden sich alle in einer ganz bestimmten Parteibewegung. Und die Grauen Männer gingen sogar noch weiter, um diesen letzten amerikanischen König zu beleidigen, indem sie ihn als alten, klapprigen Mann hinstellten, der nicht mehr fähig sei, klar zu denken. Ganz im Gegenteil! Sie wollten, daß die Amerikaner dies dachten, denn sie bereiteten sein Ende vor.

Um diesen Punkt zu beweisen, will ich folgendes hinzufügen: Die Menschen wollen nicht, daß die Steuern steigen, und so sagt das amerikanische Volk: "Nein, nein, *nein*", und sie wechseln den Kanal ... im Fernsehen natürlich. (Ein kleiner Scherz, wirklich, ein köstlicher Scherz.)* Der letzte Präsident, Reagan, hat durchgehalten; er hat die Steuern nicht erhöht. Am Ende seiner Regierungszeit zog er nur noch seine Frau ins Vertrauen, denn er vertraute niemandem mehr; er hatte das Gefühl, mit niemandem mehr reden zu können, und er betete unablässig um Führung. Und jetzt hat Amerika einen neuen König!

*Anm. d. Übers.: im englischen wird das Wort "Channel" sowohl für Fernsehkanal als auch für den Channelingprozeß, durch den Ramtha sich kundtut, verwendet.

Sie schütteln den Baum

Die Grauen Männer wollten ein paar Bäume schütteln, um gewissen-Leuten zu zeigen, wie mächtig sie sind. Um diese wunderbare, lethargische Gesellschaft, in der ihr lebt, wachzurütteln, haben diejenigen, die den Aktienmarkt tatsächlich beherrschen, mit euch eine kleine Nummer abgezogen. Das Ganze sollte eigentlich nur eine kleine Warnung sein, aber sie sollte doch so katastrophal wirken, daß sich die gesamte öffentliche Aufmerksamkeit auf die Staatsverschuldung richtete. Sie wollten euch glauben machen, daß die Staatsschulden die Ursache dafür seien, daß der Aktienmarkt den Boden verloren hatte. Das ist jedoch keineswegs der Grund dafür! Der Aktienmarkt *sollte* fallen. Es war einfach wieder ein anderes manipuliertes Spiel, und was kümmert es *sie*, wieviel *ihr* verliert? Sie sind es doch, die das Geld drucken. Ihnen ist es gleichgültig! Selbst wenn es um eure Lebensersparnisse ging, meint ihr, das würde ihnen etwas ausmachen? Nein, nicht das geringste. Sie sind die Elite. Wenn sie mehr Geld haben wollen, *drucken* sie es.

Sie haben den Fünfhundert-Punkte-Sturz des "Schwarzen Montag" inszeniert, um euch etwas klarzumachen. Was wurde in jener Woche gesagt? "Jeder sollte schleunigst aufwachen und sich um unsere Schulden kümmern, denn Amerika ist pleite, sie fordern ihre Darlehen zurück und ziehen ihr Geld aus dem Markt ab. Warum ist unsere Wirtschaft nur so wackelig?", *keuch*, "Selbst die ausländischen Investoren ziehen sich schon zurück!"

Alle Investoren, die auf dem Markt mitspielten, starrten auf Amerikas König und schrien: "Sie müssen etwas dagegen tun! Ich verliere ja alles!!" *Was für eine wunderbare Methode der Grauen Männer, ihre Wünsche in die Tat umzusetzen!*

Das Ergebnis lautet, daß die Amerikaner, nur um ihre Investitionen zu schützen, bereit sind, höhere Steuern auf sich zu nehmen, damit das Darlehen zurückgezahlt werden kann, das niemals zurückgezahlt werden wird.

Zu diesem Zeitpunkt hatte dieser amerikanische König niemanden mehr, mit dem er reden konnte. Er spürte nicht nur den Druck derjenigen, die ihn umgaben, sondern er hatte auch die wahren Machtverhältnisse in dieser Welt erkannt. In diesen letzten Monaten ging er in seinem Weißen Haus umher und murmelte: "Gott hilf uns! Gott hilf uns!" Und er spürte den Druck der Medien, denn jeder würde diesen "... *schrecklichen Greuel* sehen. Die gesamte Weltwirtschaft wackelt, nur wegen Amerikas unmäßigen Ausgaben", weil *Amerika* so verschuldet ist. Und ihr spielt ihnen direkt in die Hände.

Glaubt ihr, daß es viele Länder gibt, die im gegenwärtigen Zeitpunkt mit den USA und mit dem Zustand ihrer Wirtschaft sehr zufrieden sind? Was halten sie eurer Meinung nach von Amerika? Genau das, was man ihnen gesagt hat, das sie davon halten sollen.

Und natürlich sagt der amerikanische Präsident: "Ich werde das ansprechen. Wir werden sicherlich erwägen müssen, die Steuern zu erhöhen." Er will das zwar nicht, aber sie üben starken Druck auf ihn aus. Und zum Schluß, meine geliebten Freunde, werdet ihr alle *gnadenlose* Steuern auferlegt bekommen, wie in den USA. Euer Lebensstandard wird sich nicht mehr erhöhen. Der Einkommen produzierende Status eurer Arbeit wird nicht mehr steigen können. Mit anderen Worten, ihr werdet ebenso hart arbeiten wie bisher oder sogar noch *härter,* ohne dabei mehr Geld zu verdienen. Und all ihr wunderbaren, älteren Menschen, die ihr euer Geld der Regierung gegeben habt - eigentlich sollte ich sagen, die Regierung nahm es euch - um sicher zu sein, daß ihr an eurem Lebensabend einen Platz habt, an dem ihr leben könnt, nun, ihr werdet dieses Geld nicht zu sehen bekommen, weil das Wertpapiersystem ebenfalls bankrott ist.

Und die Bauern in eurem Land werden weiterhin in den Bankrott getrieben werden, so wie es heute bereits jeden Tag geschieht. Der Mittelstand, der die Elite und den Pöbel auf der Straße unterstützt, wird eine weitere belastende Steuer auf sich nehmen, damit für jeden gesorgt ist. Für *jeden.* Das ist Teil ihres Versuchs, den vorhandenen Kraftimpuls in eurem Land zu brechen. Je härter ihr arbeiten müßt und je geringer eure Kaufkraft wird, um so williger werdet ihr, um so eher werdet ihr ein Teil von ihrer "Einen Weltordnung" werden.

Wer war der Mann, der in die "Watergate-Affäre" verwickelt war? Wie war sein Name? Wer war dieser König? Nixon? Gegen Ende seiner Regierungszeit versuchte er dasselbe zu tun wie der letzte König. Er war über die Goldsituation der USA bestens informiert. Er wußte alles über die festgelegten Ölpreise. Er wußte über alles Bescheid, was "unter Verschluß" war; und er versuchte schließlich, die Öffentlichkeit davon in Kenntnis zu setzen. Was war das Ergebnis davon, daß er sich gegen die wandte, die ihn vorher unterstützt hatten? Sie schoben ihm den Schwarzen Peter zu, denn welches Verbrechen hatte er in Wirklichkeit begangen?

Ich habe euch da kein sehr schönes Bild gezeichnet. Ich wäre auch froher, wenn ich mit euch über andere himmlische Dinge, über den GOTT in euch und über all die herrlichen Dinge, in denen die menschliche Erfahrung gipfelt, plaudern könnte. Ihr lebt aber nicht im Zeitalter der Erleuchtung. Ihr lebt im Zeitalter der Tyrannen, und das schon seit geraumer Zeit. Den Grauen Männern *gehört* die Welt. Für sie besteht die Welt nicht aus einzelnen Demokratien und für sie setzt sie sich auch nicht aus einzelnen Ländern zusammen. Sie sehen keine Grenzen. Gesetze bedeuten ihnen nichts, denn sie beeinflussen die Gesetzgebung. Ihnen *gehört* die Welt, weil sie das Geld, das die Welt regiert, unter ihrer Kontrolle haben.

Amerika zum Beispiel ist nicht mehr wirklich die *Heimat der Freien*, als die es einst gedacht war. Einst war es diese Heimat.

Aber ihr habt geschlafen, geplappert, nutzlos und ausführlich vor euch hingequatscht. Ihr habt euch nicht mit dem Rückgrat und dem Eifer eines Freiheitskämpfers erhoben und gesagt: "*Genug!*" Denn was sind schon dreizehn Familien und internationale Bankiers gegen eine ganze Nation angekotzter Leute? Diesen Begriff habe ich mir ausgeliehen, denn ich habe verstanden, was er für euch bedeutet: ernsthaft verärgert, jawohl!

Ihre Gier nach Macht ist endlos

WAS IST LEBEN? Wie könnte es gelebt werden? Was könnte es außerhalb eurer Ausbildung und eurer Doktrinen bedeuten, das Leben zu leben?

Die meisten von euch könnten sich nicht einmal vorstellen, ohne Geld zu leben. Für die meisten von euch bezieht sich der Begriff Souveränität lediglich auf die Grenzen eurer Freiheit auszuwählen. Ihr glaubt, daß gewisse Dinge, wie zum Beispiel das Ausharren unter dem Joch gnadenloser Besteuerung, das Ansteigen eurer Verschuldung und ein immer geringerer Verdienst, im Leben völlig normal zu sein scheinen. Ihr nehmt diese Dinge hin, und deshalb sind sie von dem Wort Souveränität ausgenommen.

Souveränität ist die absolute Freiheit von allem, was euch besitzt, wovon ihr abhängig seid. Es *gibt* souveräne Menschen in eurem Land. Sie haben sich ein Leben geschaffen auf einem Stück Land, das sie ernährt und jetzt sind sie freie Menschen. Natürlich leben sie nicht in großem Stil, wie ihr es bezeichnen würdet. Sie brauchen auch nicht unbedingt Autos. Sie besitzen keine Kleider aus Silber und Gold. Sie haben keine Seiden- und Perserteppiche auf dem Fußboden zu liegen, und sie speisen auch nicht von Silbergeschirr. Aber sie sind *frei,* und das sind sie schon eine ganze Weile. Denn sie beziehen keine Einkommen, und sie leben von dem, was sie auf ihrem Land produzieren und von dem, was sie tauschen und handeln können.

Aber die meisten Amerikaner können ohne ihre Hamburger nicht leben, so wie jeder Annehmlichkeiten hat, auf die er nicht verzichten mag. Für euch ist es nicht vorstellbar, mit eurer Bank *keine* Geschäfte zu machen. Ihr könnt euch kaum noch vorstellen, ohne "die Karte" irgendwelche Einkäufe zu tätigen, denn das ist *chic* und ihr seid dann *"in"*. Ihr könnt euch auch nicht vorstellen, ohne all eure Dinge zu leben.

Wenn doch nur der letzte amerikanische König (Anm. d. Übers.: gemeint ist wieder Reagan) den Mut gehabt hätte, allen Widrigkeiten zum Trotz durchzuhalten. Ihr müßt verstehen, daß das amerikanische Volk nicht weiß, was vor sich geht; sie wissen nur das, was ihnen das Fernsehen erzählt. Wenn dieser König durchgehalten hätte, hätten die Grauen Männer Amerika den *Krieg* erklärt, und der Börsenmarkt wäre *am nächsten Tag*, bei Börsenbeginn, ruiniert gewesen, denn sie steuern die Kursbewegungen. Sie hätten ihre gesamten Gelder aus der amerikanischen Regierung herausgezogen und ihre Darlehen zurückgefordert. Doch was sind diese Darlehen schon wert? Sie sind nur Papier. Das Volk von Amerika wäre in die größte Krise gestürzt worden, die es je gekannt hat, mit Sicherheit die größte, die die meisten von euch je erlebt haben.

Trotzdem wäre es letztlich die größte Chance gewesen, die Welt von den Tyrannen zu befreien, die euer Leben beherrschen und bestimmen. Denn *wie wollt* ihr eigentlich verhindern, daß sie auch das Leben eurer Kinder und Kindeskinder noch beherrschen? Wann wird die Freiheit sich selbst verwirklichen? Doch leider versteht niemand diesen simplen Dreh, noch sieht irgend jemand darin den zukünftigen Sonnenaufgang; denn die meisten von euch haben sich niemals die Mühe gemacht, nach dem "Warum" zu fragen.

Aber so, wie es zu dieser Stunde aussieht, *werdet* ihr besteuert werden. Und eure Einkommen werden eingefroren oder verringert werden. Und ihr werdet *schmerzhaft* unter das Joch gezwungen werden, für etwas zu bezahlen, daß niemals bezahlt sein wird. Genauso sieht es zur Zeit aus.

Haben sie denn nicht genug?

Was ist das Ziel dieser Grauen Männer? Was *wollen* sie wirklich? Genügt es ihnen nicht, das gesamte Geld der ganzen Welt zu besitzen? Ist das denn nicht genug? Reicht es nicht, daß sie alle Gesellschaften kontrollieren, denen das gesamte Öl auf der Welt gehört? Denkt ihr, den Arabern gehört ihr Öl? Nein, sie waren naive Nomaden, die Darlehen aufgenommen haben, um ihre Ölfelder zu entwickeln. Wie hätten sie sonst ihre Raffinerien aufbauen können? Ihr Öl gehört ihnen nicht, ihnen gehört nur heißer Wüstensand.

Haben die Grauen Männer noch nicht genug? Was könnten sie noch wollen? Sie vernichten den Regenwald. Wißt ihr, weshalb der Regenwald in der südlichen Hemisphäre zerstört wird? Kümmert ihr euch überhaupt darum? Die Zerstörung des Regenwaldes wird von den Immobilieninvestoren, von den Bankiers und von den Entwicklungsplanern vorangetrieben. Glaubt ihr, daß es denen etwas ausmacht, wenn sie die Atmosphäre vernichten, die euren Himmel bildet? Es macht ihnen nichts aus. Es dient der Habsucht, die zur Macht führt. Doch was werdet ihr dann atmen?

Was wollen die Grauen Männer wirklich? Sie wollen *absolute* Macht, die absolute Macht, sie wollen ihr Ideal der "Einen Weltordnung" aufbauen. Die Begriffe ändern sich gerade, aber was heißt eigentlich *"Eine Weltordnung"?* Daß die ganze Welt zu einer einzigen Nation mit unsichtbaren Grenzen würde. Sie würde dann von einer Art sozialem Faschismus regiert werden. Die Elite würde euch alle beherrschen; ihr wäret versklavt. Das Verkaufsargument für diese "Eine Weltordnung" ist, daß es dann keine Kriege mehr geben wird, und mit nur einer Weltregierung würde man euch sagen, daß nun alle gleich sind. Die Elite ausgenommen. Und die Elite wird es der Menschheit gestatten, Fortschritt auch ohne Revolutionen, ohne Kriege und ohne Seuchen zu erreichen, um dadurch wieder ihre aristrokratische Elite zu fördern.

Mit anderen Worten, die Mittelschicht in Amerika und allen anderen Ländern sowie andere freie Völker, die irgendwo an weit entfernten Orten auf dieser Welt leben, die ihr nicht einmal kennt, werden zu Sklaven werden. Und viele von euch verdienen das auch, weil ihr den Freiraum geschaffen habt, in dem das geschehen kann. Ihr wollt, daß man euch sagt, was ihr zu tun habt, ihr wollt, daß jemand für euch die Entscheidungen trifft, ihr wollt damit nicht belästigt werden. Ihr wollt, daß man euch sagt, was im nächsten Jahr geschehen wird, weil ihr euch damit nicht befassen wollt. Das versteht man unter "Einer Weltordnung".

Jetzt kommen wir zum Kernpunkt der Sache. Diese "Eine Weltordnung" kann sich nur durchsetzen, wenn es nur *eine* Weltbank gibt. Und wenn es nur eine Weltbank gibt, warum sollte man sich dann mit Rupien und mit Yen, mit der Deutschen Mark und mit Dollars abplagen? Genau diese Argumente werden sie euch gegenüber benutzen. "Warum sollten wir uns länger Gedanken über die Schwankungen der Wirtschaft machen? Seht euch doch nur das Trauma an, das auf dem Aktienmarkt und den internationalen Geldmärkten verursacht wurde! Nun ja, bis zu diesem Zeitpunkt mußten wir uns darüber Sorgen machen, aber das ist jetzt vorbei." Anstatt *wertloses,* im Wert weiterhin schwankendes Papiergeld zu drucken, werden sie einfach eine einheitliche Karte herausgeben, genannt *Debet-Karte.** Habt ihr davon schon mal gehört? Ihr könnt mit dieser kleinen Karte in der ganzen Welt herumreisen, sie überall vorlegen, und jeder wird sie gerne als Zahlungsmittel annehmen.

Nun, da gibt es ein kleines Problem mit dieser Karte, nur ein kleines, winziges Problem in bezug auf die Wahrung der Privatsphäre und der Freiheit. Über *jeden,* der diese Karte verwendet, wird alles bekannt sein. Alles, was ihr kauft, wird bekannt sein, und wo immer ihr hingeht, wird auch bekannt sein. Alles, was ihr *tut*, wird bekannt sein! Die Freiheit der Privatsphäre wird nicht mehr existieren, denn ohne diese Karte werdet ihr nichts mehr kaufen oder *verkaufen* können. Das vertraute Währungssystem wird aufgehoben werden. Und jeder wird eine Nummer haben. Und diese Nummer werdet ihr bis zu eurem Lebensende behalten. Und über jeden, der diese Nummer hat, wird eine Akte geführt werden. Und jeder der aus der Reihe tanzt, wird schlichtweg ausgelöscht werden.

Was macht ihr, wenn ihr zum Markt geht und euer Bargeld für Brot auf die Theke legt, und der Verkäufer sagt euch: "Wir nehmen kein Geld mehr an, wir akzeptieren nur noch die Karte!"? Und ihr geht zum

---

*Anm. d. Übers.: Mit Debet-Karte meint Ramtha nicht die jetzt schon gebräuchlichen Kreditkarten, wie z.B. Euroscheck-Karte, Visa-Karte, Masters-Karte, usw., diese sind nur Vorläufer der Karte, die die Grauen Männer einführen wollen, und die dann als alleingültig alle anderen Karten und alles Bargeld verdrängen wird.

nächsten Bäcker, und der sagt euch genau dasselbe. Und ihr verbringt den ganzen Tag damit, einen Laib Brot zu bekommen, den euch niemand verkaufen will, weil ihnen euer Geld nichts wert ist. Ihr kommt ohne Brot nach Hause, denn ihr habt keinen Garten und keine Nahrungsmittel, denn ihr seid kosmopolitische, *hungrige* Menschen. Und die einzige Möglichkeit, Brot aufzutreiben, ist, diese Karte zu besitzen.

Und durch diese Karte wird gleichzeitig, völlig automatisch, eure Steuer eingezogen. Und mit dieser Karte werden auch ganz automatisch eure Bankkonten geführt. Mit dieser Karte werdet ihr *niemals* sehen, wie eure Arbeit in einen anderen Wert umgesetzt wird, denn der Gegenwert für eure Arbeit wird elektronisch von eurem Arbeitgeber direkt auf euer Bankkonto überwiesen. Und der Preis für jeden Gegenstand, den ihr kauft, wird automatisch von eurem Konto abgezogen. Und so geschieht es bereits.

Diese Zauberkarte wurde dem australischen Volk angeboten, und das hat die Leute derart aufgebracht, daß sie dagegen stimmten. Das war ein sehr gewagtes Vorgehen der Grauen Männer, diese Karte zum Thema einer öffentlichen Abstimmung zu machen. Und es wurde geschickt vereitelt; das war die Reaktion des australischen Volkes, denn die Auswirkungen dieser Karte waren selbst dem einfachsten Bürger klar.

Der Vertrieb dieser Karte wird in der Welt auf sehr subtile Weise vorgenommen. Sie reden nicht darüber, es sei denn, ihr geht direkt zu eurem Geldberater und fragt ihn: "Haben Sie für mich eine Debet-Karte, führen Sie eine entsprechende Akte?" Der Verkauf der Karte wird in Amerika über großangelegte Werbung propagiert. Werbung - ein Marktschreier. Einfach alles wird automatisiert und programmiert, um von der Karte erfaßt werden zu können. Ihr könnt euch mit der Karte sogar schon ein neues Haus kaufen. "Schreiben Sie mir ein Haus an", ja, das ist die Wahrheit! Dieses anschreiben und jenes anschreiben, alles kann mittels der Karte angeschrieben werden.

Auf diese Art lenken sie eure Aufmerksamkeit langsam auf die Karte - auf die *ultimative* Karte. Sie legen euch genauso rein, wie sie euch immer reingelegt haben, egal ob sie wollten, daß ihr für einen bestimmten Politiker stimmt, ob ihr euch an einem Krieg beteiligen, ein Gesetz verabschieden oder Seifenflocken kaufen solltet. Sie haben euch schon immer hereingelegt. Der Verkauf der Karte ist bereits im Gange - diese ultimative Karte wird für alles sorgen!

Seid ihr bereit, einen Schock zu erleben? Die Mehrheit der Leute, die dieses Buch lesen werden, die mit einer Bank zusammenarbeiten, *hat* bereits eine Nummer. So ist das; und diejenigen von euch, die noch ohne diese verführerische Plastikkarte leben, werden schon bald auf sehr subtile Weise zu ihrer eigenen Debet-Karte bekehrt werden. Die Propaganda hat bereits eingesetzt.

Aber da gibt es noch eine andere Intrige, die hinter den Kulissen lauert. Bevor die Debet-Karte endgültig eingeführt werden kann, muß der amerikanische Aktienmarkt zerstört werden. Dieser Aktienmarkt beeinflußt *sämtliche* anderen Märkte, die dann vom Wirtschaftsausschuß dieser "Neuen Weltordnung" ersetzt werden. Konsequenterweise muß der Aktienmarkt zum Zusammenbruch gebracht werden. Wenn das geschieht, werden alle Märkte von dem geschaffenen Vakuum aufgesaugt werden, hinein in die Fangarme der Debet-Karten-Autorität.

Der amerikanische Börsenmarkt bröckelt bereits, denn das, was vor nicht allzu langer Zeit passierte (Anm. d. Übers.: gemeint ist die Krise an der Börse im Herbst 1987), war eine Lektion, die der amerikanischen Regierung galt. Welche Lektion war das? Die Leute aufzuwekken, damit sie anfangen, mit dem Finger zu zeigen; denn die Leute sind sehr nett, solange es ihnen nicht an den Geldbeutel geht. Doch dann können sie sehr feindselig werden. Fatalerweise existiert diese "Eine Weltordnung" bereits auf verschiedenen Ebenen in den verschiedensten Ländern dieser Erde.

Das veränderte Ego des Menschen, das veränderte *Du*, ist das Image, das ich als Antichrist bezeichne. Und wirklich, dieser ständige Drang nach *ultimativer* Kontrolle stammt nicht aus der Göttlichkeit des Menschen, aus der Rechtschaffenheit und Glorie, die dem großen Ego innewohnen.

Dieser Drang entspringt dem Image, in das sich die Seelen der Grauen Männer Leben für Leben hineingelebt haben. Es ist die immer wieder stattfindende Wiederholung, bei der der göttliche Aspekt jedesmal unterdrückt wird; jener göttliche Teil, der die Entwicklung des menschlichen Geistes, die Manifestierung der göttlichen Bestimmung, zuläßt.

Bösartigkeit - es gibt Menschen, die an Teufel, an den Satan und an derartiges glauben, aber diese Wesenheiten gibt es nicht. Bösartigkeit ist eine Wahl des Menschen, ein einfacher Prozeß von Gut und Böse in der Form eines veränderten Ego, eines veränderten *Du*. Bösartigkeit ist ein natürlicher emotionaler Zustand innerhalb des veränderten Ego. Wenn ich von *Bösartigkeit* spreche, dann meine ich keine gegen den Staat gerichteten Verbrechen. Ich rede von Verbrechen, die sich gegen das Selbst und seine Reflexion auf den Nachbarn richten.

Das veränderte Ego *wählt* sich die Tyrannei und es wählt sich auch, Opfer zu sein. Die Bösartigkeit liegt - *durch die Wahlfreiheit* - im Image von Mann und Frau, denn wir haben die Wahl, zu lieben anstatt zu hassen. Wir können *wählen*, ob wir tolerant sein wollen oder nicht. Wir haben die *Wahl*, ob wir die Sanftmut des Geistes anstelle der Unbarmherzigkeit des Geistes hervorrufen. Wir haben die *Wahl*, Dinge *zuzulassen*, anstatt sie zu bekämpfen. Durch die *Wahl*, die wir treffen, wählen wir zugleich zwangsläufig, welche Form von manifestiertem Schicksal wir erleben werden.

Bösartigkeit ist eine *Wahl* des einzelnen. Andere unter dem Vorwand und aufgrund der Interessen des eigenen Images zu unterdrücken, ist Tyrannei, ganz egal, ob diese Unterdrückung an eurem Nachbarn, eurem Geliebten, eurem Mann oder eurer Frau oder an euren Kindern verübt wird. Wenn dieser Akt der Unterdrückung im Image des veränderten Ego stattfindet, dann handelt es sich um Bösartigkeit. Und wenn all dies im weltweiten Maßstab stattfindet, dann ist das aufgrund der Wahlfreiheit eben auch böse.

Das veränderte Ego des Menschen unterscheidet sich stark von der ihm innewohnenden Seele und dem Geist. Sie stehen unmittelbar nebeneinander. Das Gewissen, das *Gefühl* von Rechtschaffenheit, in der Tat, das Gefühl von Liebe, Gewährenlassen, Empfindsamkeit, Mitgefühl, die Liebe zu allem, was die Feinheiten des Lebens ausmacht, all dies liegt in der Seele. Doch diese Gefühle der vollkommenen Erfüllung und wunderbaren Erhabenheit werden unterdrückt, damit das veränderte Ego, also der Antichrist, verherrlicht werden kann. Es gibt nicht *einen* Grauen Mann, dem GOTT nicht auch innewohnt. Er ist in seiner Seele nicht böse. Auch ihre Handlanger sind in ihrer Seele nicht böse. Sie haben lediglich gewählt, ihrem Image und ihrer Gier nach Macht, die den Gipfel des veränderten Ego darstellt, zu fröhnen. Ein endloser Prozeß, der sich jedoch in einem Moment umkehren läßt.

Es genügt ihnen nicht, daß sie das Gold dieser Welt besitzen. Es *genügt* ihnen nicht, daß sie alle fossilen Brennstoffe unter der Erde besitzen. Es reicht ihnen nicht, daß sie den Regenwald zerstört und der Entwicklung geopfert haben. Es reicht ihnen nicht, daß sie aus reiner Habsucht einen Bruder gegen den anderen aufhetzen. Das alles ist Macht. Aber der letzte Höhepunkt dieser Ekstase des Image gipfelt darin, die ganze Welt zu besitzen und der "Oberste Herrscher" zu sein.

Diese Grauen Menschen werden durch Erbgut und durch ihre selbstgesteckten Anforderungen und Ziele zu dem getrieben, was sie erfüllen *müssen.* Ihr Ziel ist keineswegs ein anderes als das eure. Euch geht es um Souveränität, ihnen geht es um absolute Macht - dieselbe Energie. Sie müssen ihr Ziel erreichen. Es ist ihr Schicksal - ihre *Bestimmung.* Die letztendliche Bestimmung des veränderten Ego ist Macht. Und die Habsucht, die *Habsucht* ist das Mittel, um sie zu erreichen. Ein armer Mensch kann sich im Nu Respekt verschaffen, wenn er durch Erbschaft reich geworden ist. Und ein reicher Mensch fürchtet alles zu verlieren, wenn er arm wird.

Die Grauen Männer werden durch ihr verändertes Ego in ihr Trauma hineingedrängt. Sogar innerhalb ihrer Familien hassen sie einander. Warum? Weil einer von ihnen eben *Nummer Eins* ist - Ishna nenne ich das - und jeder will das sein. Jeder will Nummer eins sein, deshalb hassen sie einander und bekämpfen sich gegenseitig auf das Heftigste. Und oft sterben sogar Tausende von Menschen wegen eines ihrer Zwiste. Doch das ist ihnen egal.

Und die Bestie wurde mit einer Zahl gefüttert

Diese Wesenheiten nähern sich dem letzten Siegesmarsch ihres manifestierten Schicksals, denn bis zu dieser Stunde haben sie mit ihrem langfristigen Plan Erfolg gehabt. Und wenn ihnen jemand im Wege stand, schafften sie ihn einfach beiseite. Er mußte von der

Bildfläche verschwinden. Die Grauen Männer bilden eine Front, und sie sind von ihren Zielen besessen.

Es gibt nur eines, womit sich das manifestierte Schicksal noch wenden läßt, und das ist Wissen. Wissen: daß ihr *aufwacht!* Es gibt eine Prophezeiung in eurem Buch der Bücher. Dieses Buch - *die Offenbarung*, übrigens ein zutreffender Begriff - ist das einzige, das nicht verfälscht wurde. Der Verfasser prophezeite schreckliche Dinge für die letzten Tage. Nun ja, wenn ihr Johannes aus der damaligen Zeit wäret und ein Engel euch die Vision eines Computers zeigt, eines sehr *großen* Computers, der euch anblinkt, der summt, an dem sich Teile drehen und bewegen, der die seltsamsten Dinge tut, und ihr hättet noch nie zuvor einen Computer gesehen, würdet ihr dann nicht auch glauben, daß es sich um eine Bestie handelt? Natürlich würdet ihr das.

Johannes sah in einer Vision des tatsächlichen manifestierten Schicksals die entscheidensten Augenblicke genau jener Zeit, in der ihr lebt. Und die Bestie wurde mit einer Zahl gefüttert, und diese Zahl war 666. Habt ihr davon schon einmal gehört? Ja, doch ihr habt es sorgfältig vermieden, euch damit irgendwie zu beschäftigen. Aber 666 entspricht der 6, und die steht für die Zahl des Menschen. Und 666 bedeutet auch ein Anhänger aus Gold. Und die Prägung der Marke der Bestie ist durch diesen Goldanhänger so dargestellt, daß die Bestie die 6, die die Zahl des Menschen ist, und die 666 prägt.

Diejenigen, die diese Debet-Karte nehmen, werden *in Besitz* genommen, sie werden abhängig. Sie haben ihre persönliche und allgemeine Freiheit aufgegeben. Sie haben sich durch das Biest und somit auch durch das atheistische Schicksal seiner Kontrolleure stärken lassen. Wenn der Freiraum so eng wird, daß er zusammenbricht, gebt ihr jede Möglichkeit der Wahl und der Freiheit auf. Das Gesetz dieses Zusammenbruchs heißt Veränderung, und diejenigen, die die Karte nehmen, werden verändert sein.

Die Prophezeiung von Johannes ist richtig und wahr. Und sie ist dabei, schicksalhaft in Erfüllung zu gehen. Warum wird davor gewarnt, die Karte zu nehmen? An diesem Punkt kommen wir zur Wahlfreiheit zurück. Erinnert euch an die Wahlfreiheit: Ihr *könnt* die Entscheidung treffen, ihr seid *frei* zu entscheiden. Ihr könnt kommen und gehen, wie immer ihr wollt. Ihr habt die freie Wahl, diese Aussagen zu glauben oder auch nicht. Ihr könnt in eurer Wirklichkeit alles wählen, was ihr wollt, was die meisten von euch auch seit Beginn dieser Existenzform getan haben. Ihr habt sogar gewählt, mit welcher genetischen Ausstattung ihr wiederkommen wolltet - ja, das tatet ihr; ihr habt euch diese Raum-Zeit ausgewählt, weil sie Abenteuer versprach, und ihr werdet nicht enttäuscht sein.

Das Ende der Zeit

Was geschieht mit dem unumstößlichen Gesetz Gottes, wenn der Freiraum der Entscheidungsfreiheit und des Lebens nicht länger existiert? Und was geschieht mit dem gepriesenen menschlichen Wesen, wenn das ihm innewohnende göttliche Recht der Wahlfreiheit zusammengebrochen ist? Das, was sich da am Horizont abzeichnet, wird euch das Recht, eine absolut freie Wahl treffen zu können, absprechen. Und was ihr dann bewirkt habt, ist ein Ende der Zeit, ein Ende des Zeitenflusses. Ein Ende des Prozesses, in dem sich die Zeit vorwärts bewegt. Ein Ende der Schöpfung innerhalb eurer Realität in bezug auf all das, was die unsterbliche Seele braucht, um sich zu diesem makellosen menschlichen Wesen zu entwickeln. Ein Ende der Möglichkeit, im Lichte des Christus zu leben.

Doch auch das ist immer noch eine Frage der Wahlfreiheit. Es ist Mut nötig, um etwas zu verändern. Es ist *Mut* nötig, in das Unbekannte vorwärtszuschreiten, um Abenteuer zu finden. Aber nur im Unbekannten kann man die Evolution, das heißt die Veränderung, umfassen.

Ohne Veränderung könnt ihr euch in eurem Abenteuer nicht entwickeln; und Veränderung ist eine Frage der Entscheidung, in der Tat eine Frage der Auswahl. Veränderung ist ganz *natürlich*, ja sogar eigentlich die Natur selbst, das Alles-in-Allem. Aber wenn die Möglichkeit zu wählen nicht länger existiert, wenn ihr euch aufgrund dieser Pseudokontrollen nicht weiterentwickeln könnt, dann findet das Leben, so wie ihr es kennt - das die Herrlichkeit GOTTES, so wie ihr es ausgedrückt habt, war - ein Ende.

Und das Ende würde kommen. Denn welchen Sinn hätte es für GOTT, sich im menschlichen Fleisch zu manifestieren, wenn das Rad weder angetrieben wird, noch sich dreht? Und welchen Nutzen brächte dann noch ein Amboß oder ein Pflug? Welchen Sinn hätten ein Stück

Land und die Ernte, wenn die Freiheit fehlt, um sich daran zu erfreuen? Und wozu wäre das Lachen der Kinder gut, wenn sie schon bald ins Joch gespannt würden?

Es gibt dann keinen Zweck oder Grund für das Leben. Worin sollte der Zweck liegen, wenn die Freiheit der Wahl zusammengebrochen ist?

Das wird der Augenblick sein, in dem ihr eine durchdringende Stimme hören werdet, die vom fernsten Stern herüberhallt, eine Stimme, die von allem Lebenden und Lebendigen ausgeht. Und diese Stimme wird sagen: "Es ist vollbracht!"

Das wird der Beginn des Superbewußtseins sein.

Ihr lebt in den großartigsten Zeiten des menschlichen Dramas

Die Wahlfreiheit ist in diesen euren Tagen etwas sehr Kostbares. Oh ja, ich weiß, ihr werdet dieses Buch beiseite legen und wieder so leben, als wäre alles völlig sicher. In den Regalen gibt es genügend Nahrungsmittel. Ihr sitzt warm und gemütlich in eurem Heim. Ihr müßt euch die Finger nicht schmutzig machen. Euer Liebhaber ruft euch an, oder ihr ruft ihn an, oder wie immer das alles so abläuft. Die Dinge sehen viel realer aus, weniger bedrohlich. Ihr schaut hinaus und alles ist friedlich und ruhig, die Vögel zwitschern, und die Tiere bewegen sich wie immer. Wie könnte eine derartige Wahrheit in diese natürliche Ordnung passen? Nun, weil ihr nur das seht, was ihr sehen wollt. Ihr hört nur, was ihr hören wollt. Weil nur das sein kann, was auch sein darf. Aber ihr lebt in den großartigsten aller Zeiten des menschlichen Dramas, dem absoluten Ende dieses Abenteuers, wo die Wahlfreiheit und das unveräußerliche Recht darauf, welches ihr durch den Schöpfer erhalten habt, der euch auch das Licht eures Seins verliehen hat, ein Ende finden wird.

Ihr wißt, daß der Krieg zwischen der Finsternis und dem Licht schon vor langem prophezeit wurde. Er findet auf verschiedenen Ebenen statt. Ihr solltet daran denken, daß ein Kampf zwischen Finsternis und Licht einen höchst merkwürdigen Anblick bieten würde, denn ihr würdet davon ausgehen, daß das Licht die Finsternis durchdringt oder umgekehrt. Aber ich spreche von einer unsichtbaren Freiheit, die an einen Punkt ankommt, an dem sie sich entscheiden muß, ob sie so sein möchte, wie die normale Welt anscheinend ist.

Und genauso, wie ihr die Wahl habt, dies hier zu lesen oder nicht, so werdet ihr auch in den kommenden Zeiten Entscheidungen treffen, die für den Rest eures Lebens ausschlaggebend sein werden. Was ist eigentlich überhaupt noch von Wert, wenn ihr die Herrlichkeit GOTTES in euch nicht mehr in absolut strahlendem Licht leben könnt? Was bedeutet Freiheit denn eigentlich überhaupt? Was bedeutet denn Liberalität? Sie bedeuten das Recht frei zu entscheiden. Sie sind das Recht zu leben, wie es bisher so wunderbar vorgeführt wurde. Wenn ihr all dieseMöglichkeiten nicht mehr habt, dann habt ihr alles verloren.

Die veränderten Egos der Grauen Männer haben vielleicht die weisesten Menschen hervorgebracht, die ihr euch nur vorstellen könnt, denn sie kennen die Natur des Menschen. Sie wissen, wie ihr von euren Bedürfnissen versklavt seid. Und sie wissen, was ihr hören wollt und was ihr *nicht* hören wollt. Sie wissen, wie sie euch streicheln und wie sie euch bedrohen können. Sie verstehen das veränderte Ego, denn schließlich ist es genau das, woraus sie handeln. Sie wissen, wie sie euren Patriotismus, eure bürgerlichen Freiheiten und eure Fülle für sich einsetzen können.

In die Falle locken

Eure Wirtschaft befindet sich gerade in einem radikalen Veränderungsprozeß. Wie es derzeit aussieht, wird der amerikanische Markt, der für dieses Land so wichtig ist, in nicht allzu ferner Zukunft vor der absoluten Zerstörung stehen. Aber er wird sich wieder entspannen und sich drei weitere Jahre um Erholung bemühen, ohne dabei jedoch wirkliche Fortschritte zu machen. Das wird die Leute dazu bringen, lautstark nach Reformen zu verlangen. Und die werden kommen. Die Veränderungen, die sich daraus ergeben, werden dramatisch sein.

Ich möchte, daß ihr folgendes wißt: Vieles habt ihr geerbt. Ihr seid auf diesen Planeten gekommen, ihr seid in dieses Land, in diesen

Körper hineingeboren worden, wodurch ihr vielfach die Unwissenheit eurer Eltern und die gültigen Faustregeln übernommen habt. Die meisten Menschen glauben, daß die Notenbanken den jeweiligen Regierungen gehören. Das tun sie nicht. Jedes größere Land hat seine Notenbank. Und die sind es, meine geliebten Wesenheiten, die euch das Geld aus der Tasche ziehen. Es ist kein Land, das dies tut, sondern eine Familie.

Die Falle

Wirtschaftlich gesehen stehen euch harte Zeiten bevor, denn wenn ihr das erreichen wollt, was der nächste Schritt ist, müßt ihr durch die kommenden Schmerzen und Sorgen hindurchgehen. Die meisten werden hindurchgehen, weil sie das Gefühl haben, daß es ihre Pflicht ist, an der Lösung mitzuwirken.

Es hat schon immer eine Falle gegeben. Es ist mir egal, ob jemand seine eigenen Interessen anführt oder behauptet, daß es ohne Kriege und Seuchen und Habsucht keine Entwicklung der Technologie gegeben hätte - *doch,* die hätte es gegeben. Und ihr hättet dann keine Bauern, die ihre Höfe aufgeben mußten, die sie und viele andere seit Generationen ernährt haben. Aber heutzutage gibt es sie, und brachliegendes Land entsteht. Und ohne diese Habsucht hättet ihr über eurer Erde keine Atmosphäre, die in jedem Augenblick giftiger wird und in der sich an vielen Stellen Löcher bilden, über die ihr noch lesen werdet. Löcher in eurer Atmosphäre!

Der natürliche Preis der Habsucht

Was bedeutet das für euch jetzt, in dem Augenblick, da ihr dies lest? Es hat viel zu bedeuten. Denn ohne diese verbrecherische Habsucht gäbe es diese massive Zerstörung nicht. Ohne diese Habsucht würde eure Tierwelt nicht sterben und ebensowenig eure großen Wälder. Und ohne diese Habsucht wäre der Genius nicht unterdrückt worden und ihr hättet sinnvollere Erfindungen für eine längere Lebensdauer von

Dingen machen können, die keine fossile Brennstoffe verbrauchen. Wegen eurer Habsucht könnt ihr es euch nicht leisten, neue und wirkungsvollere Energieerzeugungsmethoden zu entwickeln. Große Ideen werden aufgrund der Habsucht auf Eis gelegt.

Ihr entleert Giftstoffe ins Meer - ins Meer, und zwar überall. Und das tut ihr schon so lange, daß eure Fische massenweise sterben. Sie werfen sich auf eure Strände und schreien: "Wohin sollen wir noch gehen, denn wir müssen euren Kot fressen und eure Gifte einatmen! Wohin sonst sollen wir gehen, um euch zu zeigen, was ihr da tut, wenn nicht hier ans Land?"

Ohne diese Habsucht würden eure Urwälder nicht sterben. Ohne diese Habsucht wäre euer Wetter normal. Die Natur würde sich kontinuierlich bewegen, ohne unberechenbare Ausbrüche. Und ihr könntet in eurer Entwicklung fortschreiten.

Jeder muß sich seinen Lebensunterhalt verdienen, sagt ihr? Ja, das ist wahr. Aber nicht jeder ist dabei an den Naturgesetzen interessiert, die ihm erst den Lebensunterhalt ermöglichen. Und da eure Zukunft jetzt gerade zum manifestierten Schicksal wird, so entsteht dieses Schicksal dadurch, daß ihr eine Haltung annehmt und den Raum zulaßt, es zu akzeptieren.

An diesen Punkt ist eure Welt angelangt. Das ist bisher geschehen und geschieht immer noch. Es ist weder falsch noch richtig. Es ist einfach manifestiertes Schicksal. Jedesmal, wenn ihr eure Motoren startet und das Gaspedal durchtretet, vergrößert ihr die Löcher in der Stratosphäre. Ihr seid empört darüber, aber was könnt ihr tun? Ihr müßt ja schließlich hin und her fahren? Aber ihr seid empört! Was werdet ihr jetzt tun?

Ihr seid wirklich in der Klemme - ja, das seid ihr. Denn so sieht die von euch akzeptierte und erwartete Tugendhaftigkeit von kosmopolitischen Männern und Frauen nun einmal aus. Und jedesmal, wenn ihr einen Hamburger kauft, dann unterstützt ihr die Notwendigkeit der Zerstörung der Wälder auf eurer Erde, damit das Vieh weiden kann, um euer Verlangen nach Hamburgern zu stillen. Und jedesmal, wenn ihr dessen Behälter wegwerft, gehen sämtliche Gase dieses Behälters in die Stratosphäre. Aber sie sind Wegwerfbehälter, also was soll das Gerede?

Es stehen Veränderungen an, die mit den kommenden Tagen zu tun haben, die für euch und für die Natur sehr ausschlaggebend und bedeutungsvoll sind.

Ich will euch etwas sagen. Es wäre für euch von größerem Nutzen, wenn ihr anfangen würdet, euch zurück zur Natur zu bewegen. Denn die größte Chance zu eurer Rettung liegt in der Vorwärtsbewegung der Natur, die sich bemüht, die vielen Wunden an ihrem Körper zu heilen, und in dem Bemühen, die Computer und die Weltbank-Systeme zu vernichten. Denn einem Reißverschluß* ist es egal, was auf ihm sitzt.

Wo wäret ihr ohne die Natur? Ohne Mutter Erde? Wo würdet ihr euch befinden? Wo würdet ihr eure Häuser bauen? Wo würdet ihr eure Notdurft verrichten? Wo wäret ihr ohne diesen Organismus, der eure Erde ist?

Wegen des Verlangens nach Macht, das intensiv durch die Habsucht ausgelebt wurde, hat die Menschheit, Männer wie Frauen, von dem Fortschritt der Technologie stark profitiert. Das ist eine Wahrheit. Und dennoch, aufgrund genau dieser Habsucht und der von ihr erzeugten Bedürfnisse und aufgrund des Fortschreitens der Dinge, die auf euch zukommen werden, ähnelt die Erde eurem Körper. Stellt euch euren Körper von Lepra befallen vor - mit offenen, blutenden Wunden. Stellt euch vor, ihr hättet tiefe Schnittverletzungen an eurem Körper. Würdet ihr nicht versuchen, sie zu salben und zu heilen? Und die Wunden? Würdet ihr nicht versuchen, sie zu reinigen? Und was wäre mit der Luft, die ihr einatmet? Wenn sie dauernd so schädlich wäre, daß sie euch Übelkeit im Magen verursachen würde? Und das Wasser, das ihr trinkt? Was wäre, wenn das Wasser mit Gift und Bakterien angereichert wäre und euch die inneren Organe auffressen würde? Und was wäre, wenn die Wolken, die jeden Tag über euren Körper hinwegziehen, Säure auf euch herabregnen würden? Würdet ihr etwas dagegen unternehmen?

Nun, die Erde ist nicht anders als euer Körper, und ihr könnt ohne sie nicht leben. Und ich habe euch nur ein paar Beispiele der Verletzungen genannt, die dieser lebende Organismus bisher ertragen mußte, und weshalb er angesichts dieser Bedrohung durch Macht und Habsucht,

*Anm. d. Übers.: Damit meint Ramtha die Spalten zwischen den sich bewegenden Erdplatten.

etwas unternehmen muß, um sich selbst zu heilen, damit er nicht so endet, wie seine Schwester, der rote Planet, der einst eine blühende Zivilisation hatte, genannt Menschheit

Die Hoffnung auf Erleuchtung

Nun hört mir zu. Ich möchte weder, daß ihr entmutigt seid, noch daß ihr Fanatiker werdet. Ich möchte nicht, daß ihr denkt, daß es dort, wo es Wissen gibt, keine Hoffnung gibt, denn es gibt sie. Ich will nicht, daß ihr wünscht oder denkt, dieses ganze Durcheinander sei hoffnungslos. Das ist es nicht. Es stinkt zwar, aber es ist nicht hoffnungslos.

Denn ihr müßt folgendes verstehen: Erleuchtung bedeutet, aus der Unwissenheit und aus der Finsternis herauszukommen. Wer in der Finsternis der Unwissenheit verharrt, ist anfällig für Aberglauben und Gefühle von Hilflosigkeit. Er wird sehr ängstlich werden. Erleuchtung bedeutet, Licht auf die Unwissenheit zu werfen, den Aberglauben zu vertreiben, ja, in der Tat, die Angst zu vertreiben. Wissen ist nichts, wovor man sich fürchten sollte, sondern eher etwas, was man an sich heranziehen sollte, so daß die Wahrnehmungsfähigkeit der eigenen Realität und des eigenen Lebens erweitert wird, was sich unweigerlich auf die gesamte Menschheit auswirkt.

Die Nahrung des veränderten Ego

Das gesellschaftliche Bewußtsein - nämlich genau die Verhaltensweise, der Atem und das Verständnis, die das veränderte Ego nähren - gleicht eurem Atem. Das gesellschaftliche Bewußtsein ist ein Denkprozeß von wiederverwerteten Gedanken. Mit anderen Worten, es ist so, als ob sich die Geschichte ständig wiederholt. Und zwar nicht nur im großen Rahmen, wenn wir über ein ganzes Land oder die gesamte Menschheit sprechen, sondern auch im Leben des einzelnen, in der Realität des einzelnen. Die Gesamtheit des gesellschaftlichen Bewußtseins hält das veränderte Ego, den Antichrist und das Image aufrecht und in Funktion. Es ist genau die Kost, die es nährt.

Wahrheit ist überall. Gesellschaftliches Bewußtsein ist Wahrheit. Aber um die Möglichkeit zu schaffen, das veränderte Ego zu absorbieren und das gesellschaftliche Bewußtsein in großem Rahmen abzubauen, müßt ihr anfangen, eure eigene Realität zu erweitern. Ihr befindet euch in einem Entwicklungsprozeß, ihr entwickelt euch. Ihr entwickelt euch in Richtung eurer manifestierten Bestimmung; je bewußter ihr werdet, um so großartiger wird eure Realität, desto mehr Kontrolle, desto mehr Angebote und Auswahlmöglichkeiten habt ihr.

Wenn das Licht geboren wird

Im gesellschaftlichen Bewußtsein seid ihr sehr begrenzt. Ihr müßt das tun, was jeder andere auch tut. Und das gesellschaftliche Bewußtsein bleibt intakt, weil sich jeder danach richtet. Doch wenn das Licht in die Welt hineingeboren wird, wenn die Realität sich vergrößert, erweitert sich die Wahrnehmungsfähigkeit. Wenn Erleuchtung stattfindet, selbst nur bei einem einzelnen Individuum, dann wird dieses Individuum, das bisher an dem stetig ablaufenden Prozeß des gesellschaftlichen Bewußtseins teilgenommen hatte, sich plötzlich einer größeren Wahrheit, eines größeren Verständnisses bewußt. Das Bewußtsein dieses Individuums hebt das gesellschaftliche Bewußtsein an. Denn das, was der einzelne wahrzunehmen beginnt, dringt nach außen und beginnt, auch andere zu beeinflussen.

Das Endergebnis der menschlichen Bestimmung wird kein Abstieg in eine Wiederholung der Geschichte sein. Vielmehr ist es die Bestimmung des menschlichen Wesens, sich zu einer vollkommenen spirituellen Wesenheit zu entwickeln, ein makelloses Menschenwesen zu werden. Das ist eure Bestimmung - die Rechtschaffenheit und die Tugenden des in euch schlummernden Christus zu manifestieren. Darin gipfelt diese Entwicklung. Ihr lebt in GOTT, denn ihr habt das Recht der freien Entscheidung.

Erleuchtung bedeutet, euer eigenes Bewußtsein durch Wissen zu erheben und zu erweitern. Das hat nichts mit spirituellen Ritualen zu tun. Erleuchtung *ist* Verstehen.

In diesem Buch habe ich zur Bestürzung einiger die gewählt, einen Lehrstoff von historischem Wert vorzutragen. Ich habe euch ein klares

Verständnis des "Warum" gegeben, verbunden mit dem Verstehen der Wahlfreiheit sowie mit dem Verstehen des Image des veränderten Ego. Ich habe mich entschlossen, euch dieses Verstehen nahezubringen, damit ihr nicht länger sagen könnt, niemand hätte euch je eine Antwort auf das "Warum" gegeben, und um euch zu ermutigen, aus eurer Unwissenheit herauszukommen.

Ich habe mich entschlossen, euch über eure Geschichte aufzuklären, damit ihr euch ein besseres Bild davon machen könnt, worum es im gemeinsamen, manifestierten Schicksal geht, und um euch das "Warum" zu erklären. Damit ihr wißt, damit ihr versteht und damit ihr nicht länger ein Spielzeug für den Aberglauben seid. Damit ihr auch nicht länger ein Spielzeug für die Erklärungen von irgend jemand seid, der euch klarmachen will, wie die Dinge sind, wenn sie überhaupt nicht so sind. Ich wollte euch ganz sicher nicht deprimieren. Ich wollte euer Verständnis erweitern, damit ihr aus dem Fenster schauen und die Lage des Landes erkennen und damit ihr eine Wahl treffen könnt, die euren Weg durch alles das hindurch erleuchten wird.

Erleuchtung ist für den Meister, für dieses außergewöhnliche menschliche Wesen ebenso notwendig wie der Atem. Sie ist ebenso notwendig wie schlafen, wachen und handeln. Denn ohne Wissen bleibt ihr einfach gesichtslose Menschen, denen es an Individualität mangelt, die lediglich das als Echo wiedergeben, was die anderen um sie herum schon als Echo wiedergegeben haben, damit es weitergegeben werden kann.

All das, was hier geschrieben steht, soll euch das, was euch bevorsteht, näherbringen. Und in dem Unbekannten, das außerhalb eures Fensters liegt, werdet ihr auch von Hoffnung erfahren, von Wahlmöglichkeiten und Wahrscheinlichkeiten, die es im Unbekannten gibt, und von Türen, die nur denjenigen nicht verschlossen bleiben, die ihre Wahrnehmungsfähigkeit durch Erleuchtung erweitern, um die Antworten zu erhalten. Das Unbekannte kommt nie zu einer engstirnigen Wesenheit. Und es kommt nur selten zu einem angsterfüllten Menschen, wohl aber zu jemandem, der vorwärts schreiten will und dessen Wunsch es ist zu verstehen.

Daher möchte ich all jenen, die sich aufgrund dieser Lektüre inzwischen machtlos und hoffnungslos fühlen, gerne sagen, daß es so etwas wie Hoffnungslosigkeit nicht gibt. Es gibt noch eine andere Seite dieser

Geschichte, die bisher noch nicht erzählt wurde, die noch verstanden werden muß. In den folgenden Kapiteln werden wir zu diesem Thema kommen. Haltet also eure Hüte und Gehirne und eure fühlenden Seelen fest und lernt. Lernt - und habt niemals Angst davor zu lernen. Denn das wird euch aus dem stinkenden Durcheinander befreien. Abgemacht? So sei es.

Das Ungleichgewicht in der Natur

NUN, ERINNERT IHR EUCH, daß ich euch sagte, ihr sollt euch den Namen Rothschild merken? Und erinnert ihr euch, daß viele Wesenheiten etliche ihrer finanziellen Sicherheiten verloren, als euer Börsenmarkt (Anm. d. Übers.: im Oktober 1987) Amok lief? Nun, ich möchte euch zeigen, wie mächtig die Grauen Männer sind. Und dies ist nur ein kleines Beispiel. Kennt ihr die fossilen Brennstoffe? Rohöl, flüssiger Tyrannosaurus Rex (Anm. d. Übers.: lateinisch, etwa: König der tyrannischen Saurier). Nun, es gab ein großes Unternehmen in London, das mit Öl Geschäfte machte. Es beschloß, Aktien an der Börse herauszugeben. Eigenartige Worte, sie sind jedoch in diesem Fall angemessen. Es beschloß also, die Öffentlichkeit sich ins Ölgeschäft einkaufen zu lassen.

Es war wunderbar geplant, denn es war für die breite Öffentlichkeit so angelegt und verfügbar gemacht, daß sie Teilhaber bzw. Mitinhaber am Rohöl werden konnten. Und dann kam der *schwarze Tag* in der Finanzwelt. Und das Ergebnis war, daß die Öffentlichkeit Angst bekam. Niemand wollte dieses Angebot mehr kaufen. Sie hatten kein Geld mehr, konnten sich nicht mehr absichern, nicht mehr spekulieren und so weiter. Daher schritten die Rothschilds ein, ergriffen die Chance dieser Flaute, und sie kauften alles auf! Sie sind sehr weise Individuen, denn diese Aktion erlaubte ihnen, sich noch mehr Anteile der zu kontrollierenden fossilen Brennstoffe anzueignen. Es war also sehr gut geplant.

Nun, ich möchte euch noch etwas ins Gedächtnis rufen. Diese Leute haben keine Bindung an irgend jemand aus ihrer Familie. Und auch nicht an irgendeinen Staat oder an irgendeine Religion. Sie sind im wahrsten Sinne des Wortes Atheisten, wie ihr sie nennen würdet. Und ihr Gott ist das Geld, und ihr Königreich ist die Macht. Das ist alles - alles andere ist ihnen gleichgültig. So haben wir hier also noch mehr Macht der Grauen Männer, die im Tyrannosaurus Rex steckt und in dem, was von ihm übriggeblieben ist, nämlich im Erdöl, dem schwarzen Gold vieler Länder auf dem Antlitz dieses wundervollen Globus. Und da das schwarze Gold, das Erdöl, nun die Spielmünze im Handel geworden ist, was also kann ein Land, das finanzielle Hilfe braucht, retten? Erdöl ist das einzige Produkt, der einzige Bodenschatz, den das Land dazu verwenden kann, seine Darlehen abzulösen, indem es ihn an die Grauen Männer abtritt.

Fossile Brennstoffe wird es noch eine Weile geben, zumal zuviel Geld, Macht, Habsucht und Kontrolle damit verbunden sind. Und was ist mit der Kraft, die aus der Sonne kommt, die überall um euch ist, und zwar schon eine ganze Weile? Sie wurde technisch noch nicht erforscht, denn es bringt kein Geld, die Sonne einzuspannen! Sind wir darin einig? Und jeder könnte durch sie Strom gewinnen, sie ist absolut nicht elitär. Wie könnte man sie besitzen? Nun, das geht nicht, und das ist eine große Wahrheit.

Da es in der heutigen Welt so gut möglich ist, die fossilen Brennstoffe zu kontrollieren, wird es sie weiterhin geben; und jedes Individuum, das sich dagegen wandte, um neue Energiequellen zu erschließen, mußte daher aus dem Wege geräumt werden. Kennt ihr den Ausdruck "Patente"? Das ist das Recht an einer Idee. Nun, es gibt schon seit langer Zeit eine Menge davon, die man verschwinden ließ; sie wurden aufgekauft und beiseite gelegt.

Jedoch, noch ist nicht alles verloren. In einem Land namens Japan gibt es ein großartiges Individuum, welches in der Tat ein Genie aus dem einfachen Volk ist. Er hat gerade eine wundervolle Technologie und Wissenschaft empfangen, und er legt darüber gerade einen Ordner, so etwas Ähnliches wie ein Buch, an. Und durch seine Energiequelle, die die Sonnenenergie nutzt und speichert, könnte man ganz ausgezeichnet die meisten Haushaltsgeräte mit Strom versorgen. Diese Wesenheit ist sehr klug und wird von einer großen Kraft begleitet. Dieses Individuum wird dem gesellschaftlichen Bewußtsein einiges hinzufügen, wenn dies alles vorüber ist. Und niemand wird dieses

Individuum beseitigen. Niemand wird dieses Unternehmen beseitigen, denn diese Wesenheit hat das System benutzt, um sein Unternehmen aufzubauen, und zwar ebenfalls sehr geschickt.

Aber zurück zu den fossilen Brennstoffen: Wo wäret ihr ohne sie? Hm? Wie würdet ihr überhaupt irgendwohin gelangen? Zu Fuß? Mit dem Fahrrad? Oder hoch zu Roß und den Wind reitend, um rechtzeitig irgendwo anzukommen? Der Punkt ist, daß Pilger heutzutage an einem Tag um die ganze Welt reisen können. Und wie wunderbar ist diese Erfindung, die euch dies ermöglicht, aber ihre Antriebskraft kommt aus dem Inneren der Erde. Und jede Person, die dies hier liest, ist ziemlich landgebunden, in der Tat gebunden an ihren Landbesitz, wenn sie diesen Service wirklich nicht nutzt. Die Weiterentwicklung endete beim Erdöl.

Das Ungleichgewicht

Und was bewirkt das? Nun, zur Zeit habt ihr ein klaffendes Loch in der Stratosphäre in euren südlichen Gegenden. Es ist schon so groß, daß man nicht einmal mehr darüber schreiben mag. Es ist bereits so groß geworden, daß die Forscher sich darum bemühen, etwas dagegen zu tun, weil die Strahlung, die durch dieses Loch kommt, ihnen grauen Star in den Augen verursacht. Eure Atmosphäre ist das Überbleibsel von großen Meeren, die einst die Erde umgaben.* Sie waren eine große, dicke Wolkendecke. Und als das Wasser dann herunterregnete und einen viel idyllischeren Planeten schuf, verblieb nur eine sehr dünne, feine Schicht um die Erde herum, und das Leben begann zu sprießen, die Jahreszeiten entstanden, und Trockengebiete bildeten sich. Und die Welt war wirklich ein großartiges und wunderbares Eden, Shambala, wenn ihr so wollt. Und durch die Evolution konnten in dieser Umwelt alle möglichen Lebensformen gedeihen, auf diesem Smaragd des Universums.

---

*Anm. d. Übers.: Ramtha hat in früheren Zusammenkünften ausführlicher über atmosphärische Wolkenformationen, die die Erde einst umgaben, gesprochen. Siehe hierzu Bücherliste.

Nun, schon zu meiner Zeit gab es viel darüber zu berichten und sogar schon vor meiner Zeit. Denn ganz gleich, was einige eurer Wissenschaftler behaupten, es gab schon vor meiner Zeit ganz außerordentlich intelligente Wesen auf diesem Planeten. Und die Quelle ihrer Fortbewegung war das Licht. Und in ein paar Jahren, nach ein paar massiven Beben an der Erdoberfläche, werdet ihr ein paar dieser Artefakte jener längst verschwundenen Generation zu sehen bekommen.

Zu meiner Zeit war man nicht so industriell, das ist eine große Wahrheit. Zu meiner Zeit gab es auch kein Erdöl, auch das ist eine Wahrheit. Doch meine Zeit lebte in Harmonie mit der Umwelt. Meine Tochter würde mich jetzt sicherlich damit aufziehen, daß mein Volk an Körpergeruch litt. Das stimmt, da hat sie recht. Und zum größten Teil hatten wir auch nicht all die Annehmlichkeiten, die ihr heutzutage habt und die euch ein breites Hinterteil beschert haben. Nun, das stimmt auch. Und dennoch war es auch zu meiner Zeit schon die Bestimmung des Menschen, sich zu entwickeln und zu all dem zu werden, was nur möglich ist. Denn das Leben ist gewiß ein Geschenk. Diese Erde, euer lieblicher, reizender Planet ist lebendig, er ist ein Geschenk der Schöpfung, und er ist dazu bestimmt, einen noch höheren Stand der Evolution zu erreichen als sogar zu meiner Zeit bekannt war.

Durch das Erwachen der Zivilisation wurden die Wälder in allen größeren Ländern ausgebeutet. Aufgrund der Respektlosigkeit gegenüber dem Land verschwand die oberste Humusbodenschicht, es verschwanden die Wälder, und alles, was der Boden jetzt noch bieten kann, ist Staub, der vom heißen, trockenen Wind dahingetrieben wird. Und der Mensch wanderte aus diesen Gebieten aus, um neue zu finden, und er lernte nichts aus seinen Fehlern. Obwohl es so schien, als ob die Erde dem Herrn gehörte, nahm der Mensch sie doch als selbstverständlich und tat mit ihr, was ihm beliebte. Und immer glaubte er, daß es während seiner Lebensspanne ja nichts ausmachen würde. Doch das ist ein Irrtum.

In jeder Zivilisation bis hin zu der heutigen - ich benutze das Wort "Zivilisation" einmal ganz locker - wurden die Bodenschätze der Erde, wie ihr sie nennt, mißbraucht und ausgeplündert. Tatsächlich sind sie natürliche, für das Leben notwendige Elemente, sogar für das Leben der Erde selbst. Aber die beißendste, erschöpfendste und quälendste aller Zivilisationen ist diejenige, für die nur Technologie zählt und die nur durch Habsucht und Macht beherrscht wird. Und die Macht treibt das Ganze bis zur Verwertung der fossilen Brennstoffe voran.

Diese Risse in eurer Atmosphäre waren nicht immer dort. Sicherlich begann die Beeinträchtigung eurer Stratosphäre schon vor dieser eurer Jahrhundertwende, wie ihr es in eurem Zeitenfluß nennt, und zwar mit der Verbrennung von Kohle, und sie hat sich mit der Entdeckung des Erdöls beschleunigt.

Wenn ihr Erdöl verbrennt, ohne euch um ein angemessenes Gleichgewicht auf der Erde zur Erhaltung der Atmosphäre zu kümmern, was glaubt ihr, wo die Rückstände bleiben? Glaubt ihr, sie entschwinden einfach in den Weltraum? Nein. Sie verschwinden nicht im Weltraum. Da sie nur in einer Atmosphäre bestehen können, werden sie dort festgehalten. In eurer Atmosphäre habt ihr bis zum heutigen Tage noch die Rückstände der Feuer, die vor einem Jahrhundert in euren Heimen gebrannt haben. Jedesmal, wenn ihr eure Automotoren startet, sendet ihr eine Botschaft in die Stratosphäre. Und was glaubt ihr, wohin sie geht? Sie verschwindet aus eurem Blickfeld, aber wohin geht sie? Sie steigt auf und wird in der Atmosphäre, die eure Erde wie ein Gürtel umgibt, festgehalten. Jedesmal, wenn eure Technologie molekulare Strukturen verändert und Chemikalien erzeugt, was glaubt ihr, wohin die Dämpfe und die Nebenprodukte verschwinden? In den Gürtel. Und dort werden sie gehalten. Sie entschwinden nicht zum Mond. Und auch nicht zum Mars oder zur Sonne. Sie bleiben um eure Erde herum bestehen.

Ohne das entsprechende Gleichgewicht, für das die majestätischen Bäume und das Laub der großen Wälder sorgen, sind die Dioxide in der Stratosphäre so stark, daß sie jetzt schon beginnen, die unteren Teile eures Planeten anzufressen. Diese Tatsache ist in euren Medien nicht in dem Maße veröffentlicht worden, wie es nötig gewesen wäre. Und warum? Weil die Medien, wenn sie dieses Problem angesprochen hätten, auch etwas über die Ursachen hätten sagen müssen. Und die Ursache des Problems ist nicht allein die Verwendung von Fluor-Chlor-Kohlen-Wasserstoff (FCKW), sondern auch die Emissionen und die chemischen Abfälle: Gifte, die von verschiedenen Dingen abgesondert werden und die sich in eurer Atmosphäre sammeln.

Was würde es bedeuten, wenn jemand aufstünde und sagen würde: "Wir müssen das ändern!"? Es würde einen der großen Industriezweige, auf dem die Wirtschaft eures Land aufgebaut ist, in Frage stellen: Die Automobilindustrie, die Herstellung von Verbrennungsmotoren. Doch wer würde schon die Versorgung mit Fortbewegungsmitteln in Frage stellen? Wer würde die Versorgung mit Energie, um eure Häuser zu heizen, in Frage stellen? Es gibt nur sehr wenige Menschen, die bereit sind, das Auto abzuschaffen und ihre Arbeit zu verlieren. Es gibt nur sehr wenige Menschen, die bereit sind, auf fossile Brennstoffe zu verzichten. Es gibt nur sehr wenige Menschen, die bereit sind, ohne Kühlung auszukommen, die ja auch künstlich hergestellt wird, um ein Gleichgewicht mit der Natur zu bewirken.

Nun, da gibt es auch jene in eurem Land, die auf diesem Gebiet schon viele Anstrengungen unternommen haben; man nennt sie Umweltschützer. Sie fangen an, das alles ein bißchen ernster zu nehmen, und sie haben sich mit wichtigen Umweltschützern aus anderen Ländern dieser Erde getroffen, um eine Entscheidung für einen Produktionsstop von FCKW zu bewirken. Aber sie konnten eine Verminderung der Produktion nicht vor Ende des Jahrhunderts erreichen, weil FCKW angeblich für das ökonomische Wachstum von vielversprechenden Ländern der dritten Welt nötig sei.

Zwischen der Natur, der lieblichen Natur, und euch in eurer physischen Verkörperung besteht wirklich kein Unterschied. Der größte Kampf, den die Natur gegenwärtig auszufechten hat, ist der gegen den Schaden, der ihrem physischen Körper angetan wird, und dieser Schaden basiert im wesentlichen auf den fossilen Brennstoffen. Ganz einfach. Aber die fossilen Brennstoffe sind zu einem Werkzeug der Macht und zu einem Tauschmittel gemacht worden, zu einer absoluten Notwendigkeit in eurem Land und der ganzen Welt, zu etwas, was nicht einfach aufgegeben werden kann. Aber wenn sie aufgegeben würden, hätten jene, die darauf aus sind, die absolute Kontrolle zu erhalten, die "neunschwänzige Katze" nicht länger in ihrer Hand.

Nun, was wurde diesbezüglich bereits getan? Seit Beginn dieses Jahrhunderts und bis vor kurzem bewirkte ein Konsortium von Wesenheiten im Äther, die ihr nicht erkennen würdet, Explosionen in eurer Stratosphäre, und einige von euch haben das bemerkt. Es waren strahlende, grüne Feuerbälle. Nun, woher kamen sie und warum waren sie dort? Eine ganze Weile verstand niemand das Rätsel dieser Geschehnisse und ihren Zweck.

Der Zweck bestand in dem Bemühen, eure Umwelt zu retten. Einige eurer Brüder - jawohl, ihr habt Brüder, die auf anderen Sternen und in anderen Dimensionen leben - ließen diese grünen Feuerbälle in eurer Stratosphäre explodieren, um die Auswirkungen der Erosion in dieser Schicht neutralisieren zu helfen. Die Explosionen waren ganz üblich. Sie haben nun schon seit einiger Zeit nicht mehr stattgefunden, weil sie eine Einmischung sind. Der Zeitpunkt ist gekommen, an dem ihr aufwachen und euch dieses eures Königreichs bewußt werden müßt. Die Erde wird sozusagen die Maßnahmen selbst in die Hände nehmen. Hände ist da wohl nicht der passende Ausdruck. Die Erde wird die Maßnahmen durch ihre eigenen Reißverschlüsse treffen, jawohl.

Ihr habt nicht nur ein großes Loch über dem Südpol, sondern es bilden sich gerade auch welche über den nördlichen Gebieten. Es gibt eines, das sich schon über das ganze Grönland genannte Land erstreckt, eines in Kanada und eines bildet sich gerade über der Ostküste der USA. Sie sind nun schon recht zahlreich; sie bilden sich überall, weil die Dioxide die Substanzen zerfressen, die den Sauerstoff bilden.

Nun, dies sind wirklich nicht gerade die besten Nachrichten, die ihr gern gehört hättet. Denn die Strahlung hat eine starke direkte Wirkung auf das Ökosystem eures Planeten. Sie wird die Fische des Meeres deformieren. Das wird demnächst in den Nachrichten zu hören sein, weil für dieses Phänomen eine Erklärung gefunden werden muß. Und man wird dieses Phänomen bis zum Plankton zurückverfolgen. Habt ihr schon einmal vom Plankton gehört? In der Tat, wundervolle Geschöpfe, dieses Plankton. Man wird feststellen, daß die direkte Radioaktivität, die durch diese besagten Löcher dringt, das Plankton deformiert und damit Abarten schafft, die nicht mehr fortpflanzungsfähig sind. Und Plankton ist der Anfang der Nahrungskette im Meer. Versteht ihr?

Was bleibt dem Baum noch übrig?

Die Erde, dieser lebende Organismus hat alles zugelassen, zugelassen, zugelassen. Insbesondere Amerika ist in vielfältiger Weise sehr beschützt worden. Dies ist die längste Zeit in der aufgezeichneten Geschichte, in der eine Zivilisation ohne Unterbrechung durch katastrophenartige Veränderungen gelebt hat. Die USA ist in gewisser Weise vor vielen Dingen, die geschehen sind, beschützt worden. Ursprünglich war Amerika ein vollständiger Selbstversorger für *alle* seine Bürger, und es blieb noch genug für andere übrig. Die Amerikaner hatten immer genug Bodenschätze verfügbar, um das ganze Volk damit zu versorgen. Das Land war ein einziger großer Garten - und das ist es bis zu einem gewissen Grade noch immer. Aber es wurde vergewaltigt, mißbraucht und mißhandelt, und zwar durch Unwissenheit und Ignoranz.

Die Erde, müßt ihr wissen, erlebt gerade etwas sehr Dramatisches. Jeder Teil ihrer natürlichen Umwelt schreit. Die Natur ist der Atem des Lebens in allen Dingen; und alles ist lebendig. Nur weil ein Baum nicht mit euch spricht, heißt das nicht, daß er keine Lebendigkeit besäße. Er besitzt sie. Eine Pflanze ist lebendig. Die Erde ist lebendig. Ein großer Felsen hat Leben in sich. Alle Dinge in diesem Königreich, das manifestierter GOTT genannt wird, sind lebendig. Und alle Teile in der Natur schreien, sie haben große Schmerzen.

Nun, ich könnte das alles noch genauer erklären, denn wenn ich sagen würde, daß sie *vor Schmerzen aufschreien* oder daß sie ersticken oder daß sie zu Tode vergast werden, würde euch dies vielleicht ein besseres Verständnis für diese Intelligenz, die nicht direkt zu euch sprechen kann, geben. Genau wie ich von eurem mit Wunden bedeckten, mit Säure übergossenen Körper gesprochen habe, der Gift atmen muß und unter ständigen Bauchschmerzen leidet. Nun, genau das ist es, was eure wundervolle Erde gerade durchmacht. Sie ist aber nicht ohne eine eigene Fähigkeit, sich zu verändern, und das wird sie auch tun. Diese Veränderung ist schon im Gange.

Die Erde und die ganze Natur, jene großen Delphine, eure Brüder, die sich auf den Strand warfen und dort starben - sie alle sagen etwas aus. Die kleinen Tiere, aus denen die Perlen der Weisheit stammen, sagen auch etwas aus - sie sterben. Und auch die Fische, die früher ausreichende Brutgebiete fanden, die es jetzt nicht mehr gibt, bemühen sich auch darum, euch etwas zu sagen. Und jedesmal, wenn ein großer Wal an euren Küsten strandet, versucht er euch etwas mitzuteilen.

All dies bleibt nicht ungehört und unbeachtet. Wer wird für das Leben sorgen und sich darum kümmern? Wenn der Mensch sich weigert, sich zu ändern, was bleibt dem Leben dann übrig? Was bleibt dem Baum dann übrig? Wer verteidigt den Delphin und den Wal? Und die kleine Auster, deren größte Irritation sich als ein Juwel erweist? Wer verteidigt die Felsen, die Ströme und die Luft? Wer kann für sie sprechen und sagen: “Eure Stunde ist gekommen; denn ihr sollt leben, und das, was ihr gesagt habt, soll nun erhört und in der Tat beantwortet werden!”?

Die Veränderungen in der Natur

DAHER HAT DIE NATUR, diese vorwärtsdrängende Bewegung, die Leben genannt wird, ihre Kräfte selbst in die Hand genommen, um etwas gegen ihre eigene physische Misere zu unternehmen. Das Wetter verändert sich. Ja, rückblickend fällt euch das auch auf. Die Erde bewegt sich. Die Stratosphäre muß sich ebenfalls heilen, oder alle Lebensformen auf dieser Erde werden die Strahlung nicht mehr verkraften können. So einfach ist das.

Also liegt die Erde in den Geburtswehen großer Veränderungen, und zwar tiefgreifenderer als es jemals seit der Zeit ihrer eigenen Geburtskrämpfe gegeben hat. Sie muß Veränderungen bewirken, um weiterleben zu können.

Feuer in den "Reißverschlüssen"

Nun, auf dem Feuerring finden gewaltige geologische Bewegungen statt. Und der Feuerring ist genau genommen ein riesig großer Reißverschluß, der sich um die ganze Welt zieht. Es handelt sich dabei um einen dynamischen Prozeß, der Verschiebung der Erdplatten genannt wird. Habt ihr schon davon gehört? Nun, es ist diese Aktivität der Erdplatten bzw. der Reißverschlüsse, die der Erde die Fortsetzung des Evolutionsprozesses ermöglicht. Denn wenn die Platten sich in die komprimierte Oberfläche der Erde hineinbewegen, werden sie verändert und transformiert und kommen erneuert und gestärkt wieder hervor. Zur Zeit ist jeder Kontinent auf dem Antlitz eurer Erde in Bewegung. Sie bewegen sich alle, und zwar schneller, als man es je zuvor aufgezeichnet hat, denn die Landmassen bewegen sich entsprechend der Bewegung der Reißverschlüsse, und die sind alle aktiviert.

Nun, die Reißverschlüsse erlauben einem wundervollen Nährstoff - der Lava - aus ihnen herauszufließen; sie ist wiederaufgearbeitete Erde, und sie regeneriert die Oberfläche der Erde und reichert sie wieder mit Nährstoffen für das pflanzliche Leben an, das auch sogleich zu sprießen beginnt. Auf diese Weise kann die Erde ihre Oberfläche heilen. Und die größten Aktivitäten dieser Art fanden bis heute an allen anderen Orten der Erde statt außer in Amerika. In den Meeren sind in diesem Augenblick *gewaltige* Vulkane tätig, in der verzweifelten Anstrengung, das Wasser zu reinigen. Und gegenwärtig erwachen auch wieder Vulkane, von denen man glaubte, sie seien längst erloschen.

Außer daß das Ganze einige von euch beeindruckt hat, ist dies alles nicht euch, sondern anderen geschehen. All diese Aktivitäten, diese *ungewöhnlichen* Aktivitäten - und sie sind ungewöhnlich - sind etwas, was außerhalb eurer privaten Welt und eurer persönlichen Beobachtung des Lebens liegt. Sie haben keinen wirklichen Bezug zu dem, worunter ihr gerade leidet oder was ihr gerade vorhabt, wenn ihr eure Freunde besucht. Es betrifft euch nicht, denn es geschieht ja nicht euch persönlich. Es wird euch aber bald betreffen, denn die Kräfte, die auf die Erdplatten wirken, die gegen den nordamerikanischen Kontinent drücken, sind viel stärker als alles, was jemals durch verborgene Energien auf diesem Planeten gebildet wurde. Und sie sind bereit, sich in Bewegung zu setzen.

Die Erde verändert sich. Sie verändert sich auch als Heimat des Menschen. Denn dort, wo es für den Menschen bisher zu karg war und wo er sich daher nicht niederließ, wird es anfangen zu blühen, es werden dort Niederschläge und ungewöhnliche Sturmaktivitäten auftreten, wie es sie in diesen Gegenden seit Menschengedenken nicht gegeben hat. In dichtbesiedelten Gebieten werdet ihr feststellen, daß die Natur sozusagen noch radikaler auf die Einwirkungen der Menschen reagieren wird. Und ihr werdet sehen, wie sich die natürliche Quelle des menschlichen Gedonners in den kommenden Tagen ändern wird, und zwar sehr schnell. *Uralte* Orte werden wieder zum Leben erwachen und uralte Vulkane sind im Moment noch wie schlafende Tiger.

Warum? Dies geschieht wirklich nicht, um euch loszuwerden, sondern um das zu heilen, was ihr angerichtet habt. Und ihr werdet von jetzt an bis zum Ende dieses Jahrhunderts ein radikales Anwachsen der Aktivität der Erdbewegungen an all ihren Reißverschlüssen wahrnehmen. In den Hauptstädten des Handels und des Geschäftslebens werdet ihr Erscheinungen am Himmel und unter der Erde bemerken können. Die Städte, die für die Verschmutzung eures Planeten verantwortlich sind, werden eigenartige und wundersame Dinge in hinsichtlich der Natur und ihrer Vergewaltigung erleben können.

Diese Erde, der wunderschöne Smaragd des Universums, eure Heimat, wird beginnen, den Schub fortgesetzter Veränderung zu erleben. Das Loch in der Stratosphäre, der Druck und die Bewegung an den Reißverschlüssen, die Verschiebung der Erdplatten - all dies wird einen erwärmenden Effekt auf eure Erde haben und auch auf die Kornkammer Amerikas, die von so vielen Mächten übernommen wurde, die die Bauern vertrieben haben. In den nächsten vier Jahren wird sich die Erde in einem solchen Ausmaß erwärmen, daß sich in Amerikas Kornkammer Mißernten zeigen werden.

Wüsten, Gegenden, die der Mensch nur selten betritt, werden von ungewöhnlichen Niederschlägen überschwemmt werden. Und während sich die Welt weiter erwärmen wird, werden sich die Wetterbedingungen verändern. Eine kleine Kostprobe davon habt ihr schon in diesem Jahr erhalten. Und es wird noch viel mehr geschehen.

Die Erde bemüht sich ständig, etwas für die Menschheit zu tun, die sich überhaupt nicht um die Oberfläche der Erde schert oder ihr Hilfe leistet. Die Erde bemüht sich, die Menschen von ihren wunden Plätzen zu vertreiben, damit sie sich an diesen Stellen heilen kann. Und diese Gebiete sind in der Tat sehr groß. In Gebieten, in denen sich das Ökosystem im Gleichgewicht befindet und in denen die Tiere in Harmonie mit der Erde leben, werdet ihr nur selten irgendwelche Veränderungen bemerken. Diese Gegenden werden im gegenwärtigen Zustand verbleiben.

Das bittersüße Lied der Flöten

Nun, es gibt zwei besonders mächtige Vulkane, einen in Europa und einen auf einer Insel im Ozean. Und zur Zeit ist die Aktivität unter ihren Kesseln so mächtig, daß sie sich kurz vor einem Ausbruch befinden. Wißt ihr, daß die große Hungersnot in Europa, in der Tat die große Hungersnot in Irland, das Ergebnis eines einzigen Vulkanausbruchs im 18. Jahrhundert war, der die Stratosphäre mit Staub erfüllte und den Sommer zum Winter machte, wobei die Ernte erfror und damit eine Hungersnot bewirkte? Ein *einziger* Vulkan.

Zur Zeit gibt es zwei, die sich in Bereitschaft befinden, den Druck der sich immer verändernden Platten dieses eures Planeten herauszulassen. Auf der einen Seite erwärmt sich die Erde, und auf der anderen könnte sie sich abkühlen. Denn wenn diese beiden Vulkane zu irgend einem Zeitpunkt beschließen, diesen Druck herauszulassen - und nur die Natur entscheidet über diesen Augenblick - und wenn die Gase aus beiden dann in die Stratosphäre gelangen, dann hättet ihr ein sofortiges Abkühlen der Erdoberfläche, was radikale Wetterveränderungen bewirken würde.

Wenn ihr auf einem Reißverschluß lebt, riskiert ihr euer Leben. Wenn ihr den Reißverschluß mögt und die Aussicht genießt, bleibt dort. Wenn das das Äußerste ist, was ihr euch leisten könnt, bleibt dort. Aber ihr befindet euch dann in einer aktiven Zone. Wenn ihr nahe am Wasser oder auf dem Wasser lebt, lebt ihr ebenfalls an einem gefährlichen Ort, denn es bewegen sich nicht nur die bekannten Erdplatten, sondern auch jene, die sich unter dem Meer befinden und die nicht einmal eure Wissenschaftler kennen. Und das Ergebnis sind hohe Wellen. Das ist eine *natürliche* Reaktion der Veränderung.

Steigendes Wasser

Als nächstes müssen wir über das Abschmelzen der Polarkappen sprechen. Habt ihr von dieser Möglichkeit schon einmal gehört? Die Vergrößerung des Lochs in der Stratosphäre und die Erwärmung in den nächsten vier Jahren vollziehen sich viel rascher, als eure Wissenschaftler euch erzählen werden, und als Ergebnis davon hat das Abschmelzen der großen Eiskappen schon begonnen. Der Wasserspiegel wird um bis zu 65 Meter steigen, in einigen Meeresbuchten jedoch nur um etwa vier Meter.

Die Eiskappe des Südpols schmilzt bereits. Die Eiskappe des Nordpols befindet sich in einem langsameren Abschmelzungsprozeß, doch dort ist ein Gletscher abgebrochen und schwimmt nun im Wasser. Das ist das Ergebnis der Erwärmung des Wassers. Und er ist in Bewegung; es sind einige von ihnen in Bewegung. Und es ist ganz in Ordnung, einen kleinen Überfluß an Wasser zu haben; aber aus nur *einem einzigen* Gletscher könnte die USA ihr Trinkwasser der nächsten *dreißig* Jahre bekommen - so groß sind diese Gletscher.

Da der Meerespiegel ebenfalls steigt, ist es nicht ratsam, am Wasser zu leben, sondern im Landesinneren. Es ist ebenfalls nicht ratsam, in dichtbesiedelten Gebieten zu leben, wenn ihr euch zu einer Veränderung entschließen könnt. Die Erde wird sich in den nächsten vier Jahren erwärmen, und durch den Ausbruch zweier mächtiger Vulkane könnte plötzlich mitten im Sommer der Winter einbrechen. Der Wert der Ernten nach internationalem Maßstab wird jeweils von der Gnade der Wetterveränderungen abhängen. Denn es gibt etwas, was das veränderte Ego des Menschen nicht bewirken kann, und das ist die Einflußnahme auf das Wetter und auf die Veränderungsprozesse der Erde.

Wie würdet ihr euch fühlen, wenn jemand eine Atomwaffe in eurem Nabel explodieren ließe?

Wie würdet ihr euch fühlen, wenn jemand eine Atomwaffe in eurem Nabel explodieren ließe? "Natürlich ist das nur ein Test; wir wollen nur sehen, wie Du reagierst!" Glaubt ihr, daß das Entfesseln der Energie dieser von den Waffenherstellern produzierten Bomben im Inneren der Erde ohne Nachwirkungen bleibt? Angenommen, man würde Schockwellen durch euren Bauchnabel schicken, den man mit dem Zentrum eines Landes vergleichen könnte, und die Kräfte, die dabei im Inneren freigesetzt würden, entsprächen den Kräften, die von außen, vom

Ozean auf die Erdplatten einwirken, dann befändet ihr euch in genau derselben schrecklichen Situation, in der sich eure Erde befindet.

Und was ist mit den nuklearen Abfällen, die man in ihren Eingeweiden ablagert? Kennt ihr den großen Hohlraum im Inneren der Erde, der bis nach Kalifornien reicht? Wußtet ihr, daß nukleare Abfälle in Kanister verpackt in der St. Andreas Spalte abgelagert wurden? Das wußtet ihr nicht? Aber natürlich, wie solltet ihr auch? Diese Spalte ist ein großer Hohlraum, der sich bewegen wird; das gefährliche Zeug wird zugedeckt werden; es wird noch tiefer rutschen! Nun, solche Dinge befinden sich in den Falten eurer Erde: Atommüll sozusagen.

Die Erde muß eine ganze Menge verändern, denn sie kämpft um ihr nacktes Überleben. Denn sobald die Regenfälle auf die Ostküste der USA und auf Europa niedergehen, zerstören diese giftigen Niederschläge die Natur- und Bodenschätze: die Wälder, den Boden, die Fische und alles Leben, was vom Wasser abhängt.

Wo einst Inseln waren

Und wer wird dies alles aufhalten? Glaubt ihr, daß das alles allein deshalb beendet werden wird, weil ein paar Bäume und einige Seen zerstört werden? Wenn der Regen, der auf euch niederfällt, wie ein Giftgetränk ist, dann ist das nur ein geringer Preis, den ihr dafür zahlt, daß weiter danach gestrebt wird, einen Traum zu erfüllen, eine Technologie, eine Zivilisation zu verwirklichen.

Die Menschen sind wirklich nicht bereit, etwas zu verändern - das können sie sich nicht leisten. Von jetzt an bis zum Ende dieses Jahrhunderts werden viele Orte, die euch heute sehr vertraut sind, nicht mehr so aussehen wie bisher, sogar schon vor 1999. Und wo sich einst Inseln befanden, werden keine mehr sein. Und wo kein Land war, wird welches entstehen. Und wo einst Wüste war, werden überall Schößlinge zu treiben beginnen. Und wo es einst Felder mit goldenem Weizen gab, dem Brot des Lebens, werdet ihr Wüsten vorfinden, unfruchtbar für jegliches Wachstum.

Und dort, wo der Abfall der Menschen einfach ins Wasser gekippt wird, wird die Natur besonders heftig reagieren. Und was die Fülle in den Meeren betrifft, von der sich so viele Menschen auf der Welt im wesentlichen ernähren, so wird eine Zeit kommen, da die Fischer ihre Netze auswerfen und sie leer wieder einziehen werden. Und das geschieht bereits.

Die Turbulenzen in der Natur und die Dinge, die bereits geschehen, haben euch bisher nicht so sehr betroffen, weil das alles nicht in eurem Hinterhof geschah. Ihr seht nur die Bilder von verhungernden Menschen in Afrika, und euer Herz fühlt mit ihnen. Aber es berührt euch nicht wirklich, denn ihr seid ja nicht derjenige, der verhungert. Und es bedeutet euch nicht sonderlich viel, wenn es nicht euer Haus ist, das zerstört wird, wenn die Erde zu beben beginnt. Es geschieht irgendwo anders, ihr wißt es nur aus den Nachrichten. Und so tun euch zwar die Menschen leid, die starben, als die Erde sich bewegte und das Geröll schneller von den Bergen herabkam, als ihre Fahrzeuge fuhren; und obwohl das alles sicherlich eine Tragödie ist, so ist es doch nicht wirklich Bestandteil eurer Realität, denn es ist niemals euch selbst *geschehen.*

Die Erde ist auf Kollisionskurs mit der Menschheit

Die Erde befindet sich in ihrer Evolution, in ihrem Bedürfnis, vorwärts zu gehen und sich selbst zu erhalten, auf einem Kollisionskurs mit der Menschheit. Und die Menschheit, die sich weigert zuzuhören, die ihre herrlichen Häuser nicht verlassen mag, die keinen Sonnenuntergang am Meer missen will, die sich auf einem Stück Land nicht mehr selbst ernähren kann, sie wird der Meinung sein, daß die Natur ihr gegenüber in gewaltige Opposition geht. Ja, das ist wahr.

Was geschieht also mit all den Menschen, die in die Großstädte gezogen sind, die einer über dem anderen wohnen, die an Orten leben, wo es keine Erde und außer in künstlichen Töpfen auch keine blühenden Blumen gibt? Wer wird sie ernähren? Ja, sie sind die Erfolgreichen, sie sind die Mittelschicht, sie streben nach mehr Wohlstand, aber wer wird für sie sorgen und ihnen das Brot auf den Tisch legen? Wo soll es herkommen? Und wo soll ihr Trinkwasser herkommen?

Mit den Wetterveränderungen in den kommenden Tagen wird sich herausstellen, daß sich der Mensch in die angreifbarste Position begeben hat, in der er je lebte; denn er hat sich von der guten, alten Erde entfernt und lebt nun gestapelt, einer über dem anderen. Denn die Menschheit war bisher zu allen Zeiten und während aller großen Veränderungen, die zu allen Lebenszeiten, sogar zu meiner Lebenszeit, geschahen, souverän genug, *mit dem Fluß* zu schwimmen, wie ihr das ausdrückt. Denn bisher hat die Menschheit immer in *Harmonie* mit ihrer Umwelt gelebt, schließlich ist sie ja ihre Heimat.

Schaut euch an, was ihr alles zum Zwecke der Schaffung einer zivilisierten Menschheit, für ihren Wohlstand, für eine Menschheit, die auf der Höhe ihres goldenen Zeitalters der technischen Errungenschaften lebt, getan habt. Menschen - die hinter den Mond bis in die Tiefen des Weltraumes hineinsehen können. Was also ist das für eine Menschheit, die den Wert der Erde preisgegeben hat und sich dahin bewegt, das Verlangen derer zu befriedigen, die die Erde *regieren?*

Schwierige Zeiten stehen bevor. In der Tat, sie sind eigentlich schon jetzt da.

Es wird Wellen geben, die eure höchsten Gebäude bedecken könnten

Euch zu erzählen, daß es Wellen geben wird, die eure höchsten Gebäude bedecken könnten, würde euch nichts bedeuten. Es wäre euch gleichgültig, wenn ich euch erzählte, daß ganze Landstücke an den Reißverschlußverbindungen abbrechen werden. Und wenn ich euch sage, daß mächtige und edle Bäume sterben, würde es euch auch nichts ausmachen. Sie stehen ja nicht in eurem Hof! Wo müßten sie stehen, damit ihr euch um sie sorgt? Hat eure Seele geweint, als die Delphine an euren Meeresküsten zugrunde gingen? Was wollten sie euch sagen? Gibt es sanftere Geschöpfe, die durch die Einstellung des Menschen betroffener sein könnten als sie, obwohl sie wild und frei sind? Ihr nehmt sie nicht einmal richtig wahr. Ihr lest nur von ihnen. Einige von euch weinten Bäche von Tränen, weil sie tief in ihrer Seele begriffen, was ihr Tod für ihr eigenes Leben bedeutete. Man wird sie vermissen, jawohl.

Die Erde würde euch gern ernähren

Die Natur befindet sich im Einklang mit dem gesamten Universum und der gesamten unendlichen Ewigkeit. Ein Baum würde an eurer Seite leben und euch Schatten und Schutz bieten und sogar Nahrung, wenn ihr in Harmonie mit ihm lebt. Wenn ihr die Erde, auf der ihr sitzt, liebt, dann wird sie reichhaltig sein und euch frohgemut ernähren. Und die Wolken, die über euch dahinziehen, werden euch den sanftesten Regen spenden, wenn ihr mit ihnen im *Einklang* seid und sie respektiert. Denn wie anders hätte die Menschheit seit Äonen überleben können, wenn nicht um der prachtvollen Wenigen willen, die verstanden, was nie ausgesprochen werden, sondern nur gelebt werden konnte?

Die Natur ist auf dem Vormarsch

Nun aber ist die Natur auf dem Vormarsch. Hört zu: Es geschieht nicht, weil GOTT euch haßt - so schreien nur die Opfer. Es geschieht auch nicht, weil die Welt euch haßt - sie haßt nicht, nur der Mensch kann hassen. Dies ist nicht eure Strafe dafür, daß ihr nicht genug Gutes getan habt. Es ist Evolution. Es ist Veränderung. Und erinnert ihr euch daran, als ich zu euch darüber sprach, daß ihr euch entscheiden müßtet, auf welcher Seite ihr steht; und daß ich sagte, daß ich nicht gegen die Grauen Männer Partei ergreife? Und zwar deshalb, weil einzig die Natur in ihrem Vorwärtsdrang die Macht und die Beweglichkeit besitzt, deren ganzen Plan zu zerstören.

Und ich möchte, daß ihr wißt, daß es im Unsichtbaren eine Menge gibt, was mit eurer kostbaren Erde in Einklang ist. Und das, was mit der Natur im Einklang ist, ist auch im Einklang mit dem GOTT im Inneren, mit dem GOTT im Äußeren, mit dem ALLES-IN-ALLEM. Und während die Industrialisierung weiter fortschreitet und die Länder gesichtslos werden und die Weltordnung langsam Formen annimmt, sagt die Erde: *“Genug!”*

Wenn ihr in den Zeitungen lest, daß das Wasser steigt, segnet es

Wenn ihr das Glück habt, in euren Zeitungen zu lesen, daß das Wasser steigt, so segnet es. Und wenn ihr von einem großen, feurigen Vulkanausbruch hört, so segnet ihn. Denn damit läßt er Dampf ab und läßt die Regeneration der Natur durch die Erdplatten und deren Bewegung zu. Und wenn ihr das nächste Mal von Stürmen hört, so segnet sie. Denn sie sind dazu da, die Kontinuität zu sichern.

Mut und Gnade sind erforderlich

WÄHREND MEINES ERDENLEBENS dachte ich, daß das Größte, was ich je gesehen hatte, die Sonne ist - das Allergrößte. Und das Nächstgrößte war der Mond und alles, was *dort draußen* am Himmel geschah. Ohne diese Lebenskräfte hätte das zerbrechliche menschliche Wesen, das sich so leicht verwundet, schneidet und verletzt, keine Heimstatt, in der es sich ausdrücken könnte. Die Sonne ist nicht dazu da, euch zu versengen, und sie ist auch nicht dazu da, euch zu verletzen. Sie existiert, um euer Leben zu fördern.

Wußtet ihr, daß es Universen gibt, in denen die Sonne blau ist?

Denkt euch, es gibt Universen, in denen die Sonne blau ist. Wußtet ihr das? *Blaues* Licht anstelle von gelbem; eures ist recht einzigartig - eine gelbe Sonne. Und durch die Photosynthese habt ihr die außergewöhnliche Farbe, die ihr Grün nennt. Wußtet ihr, daß man Grün an anderen Orten nicht findet? Dort ist es eine andere Farbe, aber nicht grün. Doch weil ihr eine gelbe Sonne habt, gibt es die Farbe Grün auf eurem Planeten. Dadurch ist er so wundervoll, so einzigartig und in der Tat die Heimstatt der Götter, die das alles bis jetzt für beinahe selbstverständlich gehalten haben.

Bis die Heerschar am Himmel erscheint (und sie sind auf dem Wege)

Wann? Es hat schon begonnen. Wie bald? Schon morgen? Die Evolution dieser Veränderungen wird bis zum Ende dieses Jahrhunderts weitergehen bis die Heerschar am Himmel erscheint. Und sie sind schon auf dem Wege. Was bedeutet das? Es bedeutet, daß in den letzten Tagen des Zeitalters der Tyrannen eine Kraft entfesselt werden wird, die von jenen Menschen nicht mehr zu kontrollieren ist, deren ganzer Idealismus bis zu diesem Zeitpunkt darauf ausgerichtet war, den Freiraum der Wahlfreiheit zum Zusammenbruch zu bringen, um so die vollständige Versklavung zu ermöglichen. Und diese Kraft wird harmonisch dafür sorgen, daß die Erde in der Tat den Sanftmütigen gehören wird.

Hört dem Baum zu, er wird zu euch sprechen

Und was glaubt ihr, was ihr seid? Zu sagen, daß ihr die Sanftmütigen seid, heißt nicht, daß ihr einfältige Idioten seid. Die Sanftmütigen sind Wesenheiten, die ihr Wissen dadurch erlangen, daß sie der Natur zuhören - die einem Baum zuhören, der zu ihnen spricht - die verstehen, woher der Wind weht und die sich entsprechend bewegen; dies sind die Sanftmütigen. Sie sind die letztlich wirklich Klugen, denn sie werden alles überleben.

Ihr könnt nicht weiterhin die Stratosphäre zerstören. Ohne das Eingreifen der Natur hättet ihr bald eine Gesellschaft, die fast so leben würde wie mein damaliges Volk in einem längst vergessenen Land, einem sehr umstrittenen Ort: Lemurien. Wegen all der gefährlichen Tiere auf der Erde lebte mein Volk größtenteils unterirdisch.

Wenn die Natur nicht eingreifen würde, könntet ihr bald nicht mehr im Sonnenschein spazieren gehen. Und schon im nächsten Jahr und auch in den folgenden Jahren wird es eine starke Zunahme von Krankheiten bei den Menschen geben, deren Haut der Sonne ausgesetzt ist. Und warum wird das auch in den USA geschehen? Weil sich über ihr ein Loch bildet. Noch ist es klein, aber es wächst. Und wenn dies unkontrolliert so weiterginge, würde die ganze Welt schließlich von einer Elite regiert werden, die unterirdisch lebt, während die Arbeiter über der Erde leben müßten; das wäre dann euer Los. Aber das wird nicht geschehen, denn das ist es nicht das, was die Hand des Allmächtigen für euch bereit hält.

Findet in eurem Inneren den Mut und erweist euch die Gnade, die Veränderungen einzuleiten, die nötig sind, um den Sturm zu überstehen, denn es braut sich einer zusammen

Euch, die ihr durch meine Worte herausgefordert seid, euch möchte ich etwas in Erinnerung rufen. Der Grund, weshalb ihr euch nicht verändert, besteht darin, daß ihr Angst vor all dem habt, was dort im Unbekannten vor euch liegen könnte und vor dem, was ihr dann eigentlich seid; denn das alles ist noch nicht identifizierbar. Dies ist jedoch etwas, wovor ihr euch nicht fürchten solltet. Sondern findet in eurem Inneren den Mut und erweist euch die Gnade, die Veränderungen einzuleiten, die nötig sind, um den Sturm zu überstehen; denn es braut sich einer zusammen. Und diese Veränderungen sind entscheidend, und zwar nicht nur auf ökonomischer Ebene, sondern im wahrsten Sinne des Wortes auch um zu überleben. Es scheint so, als ob den "Hamburger Restaurants" die Hamburger niemals ausgehen. Und es wird immer genug Brot in den Regalen liegen, oder nicht? Ihr könnt auswählen. Und wenn es schon einen Tag alt ist, könnt ihr es wegwerfen, es gibt ja genug! Oder etwa nicht? Nein - denn das gesamte Lebensmuster der Nahrungsmittel befindet sich im Wandel.

Es scheint so, als würdet ihr zwei großen Mächten gegenüber stehen. Nochmals, wenn ich an eurer Stelle wäre, würde ich mich auf die Seite der Natur stellen. Die andere scheint zwar sehr angenehm, denn sie ist der bequeme Bereich - sie ist der Kasten, das Gefängnis der Begrenzungen. Und sie ist die Karte. Und die ist anscheinend auch eure Eintrittskarte für ein angenehmeres Leben. Doch ich möchte auch, daß ihr wißt, daß die schweren Zeiten, die noch kommen werden, nicht ohne Hoffnung sind.

Es wird eine Welt entstehen, die das Ende dieses Zeitalters überstehen wird. Und sie wird weder aus Grauen Männer bestehen noch aus jenen, die sich entschieden haben, ihre Fähigkeiten zur Freiheit aufgeben, sondern aus denen, von denen die Prophezeiungen sprechen und die die wenigen Unbeugsamen Gottes genannt werden. Und viele von euch, die ihr diese Worte lest, werden diese Zeiten erleben.

Nun also, was ist aus all dem zu folgern? Nun, ich sage es euch nochmals: Eure Zukunft hat in der Tat etwas mit eurer Wahl zu tun, und die kann ich euch nicht abnehmen. Ich kann euch die Auswahlmöglichkeiten aufzeigen, aber ihr müßt die Wahl treffen. Ich kann genauso wenig für euch auswählen, wie ich für euch wachsen kann; das müßt ihr selbst tun. Ihr werdet vor die Wahl gestellt werden, und ihr werdet euch dieser Situationen in den nächsten zwei Wochen und in den danach kommenden Zeiten immer mehr bewußt werden, als ihr es jemals zuvor wart. Und sie sind nicht schrecklich, sie sind nicht abscheulich, sie sind nicht schlecht - es sind einfach nur Wahlmöglichkeiten. Ihr solltet nicht aus der Angst heraus auf sie reagieren, sondern indem ihr euch das Wissen verschafft, wie man überlebt. Habt ihr verstanden?

Wer wird euch ernähren, wenn man sich gegen die Bauern verschworen hat?

Wenn ihr in der Großstadt lebt, könnt ihr wählen, dort zu bleiben. Und wenn ihr euch entscheidet, die Großstadt nicht zu verlassen, bitte ich euch nur, folgendes zu tun: Nehmt das Geld, das ihr anlegen würdet und legt es in großen Mengen von Nahrungsmitteln und Wasser an. Wenn ihr in der Großstadt bleiben müßt, bitte ich euch, vorbereitet zu sein. Ihr werdet Nahrungsmittel haben müssen. Ich erzähle euch das alles nicht, weil ich mich selbst gerne reden höre und euch gerne düstere Voraussagen mache, sondern weil das eine natürliche Tatsache ist. Denn wer wird euch ernähren, wenn man sich gegen die Bauern verschworen hat? Ihre Ernte wurde auf den Feldern belassen und verrottet dort, um die Bauern anderer Länder zu unterstützen. Denn die Nahrung, die ihr kauft, kommt aus anderen Ländern anstatt von euren eigenen Bauern. Und wer wird euch ernähren? Denn das Wetter verändert sich weltweit.

Beschafft euch ein Stück Land und liebt es; es wird eure Liebe erwidern

Wenn ihr euch selbst erhalten wollt und in der Großstadt lebt, dann geht fort von dort. Aber trefft diese Entscheidung, weil ihr in eurem Inneren das *Gefühl* habt, das dies zu tun wichtig ist. Beschafft euch ein Stück Land und liebt es; es wird eure Liebe erwidern. Und dort baut euch ein Heim, egal ob es ein Palast ist oder nur eine Hütte. Ja, eine Hütte unter einem Baum. Das ist völlig in Ordnung, solange es nur euer Land ist; tut dies, um eure Souveränität zu erlangen. Und die amerikanischen Dollars mit der Aufschrift *In God We Trust* (wir vertrauen auf Gott) solltet ihr - genau wie euer sonstiges Papiergeld - in den kommenden Tagen in Gold anlegen. Denn Gold hat ein dreitausend Jahre altes Handelssystem überdauert. Und letzten Endes wird es das einzige sein, was so viel Wert haben wird, um euch damit eure vollständige Souveränität zu erkaufen, wenn die Umgestaltung der Ökonomie und des Papiergeldes in die *eine* Karte geschieht.

Nach dem anfänglichen schwerwiegenden Sturz wird euer Markt natürlich wieder Auftrieb bekommen, und einige Leute werden aus euren Steuern einige Gewinne an Papiergeld ziehen. Ich möchte, daß ihr noch etwas über die Elite wißt: Sie zahlen keine Steuern. Und noch etwas: Ihre Dollars sind an sicheren Orten untergebracht. Sie haben noch *nie* Steuern gezahlt. Aber so wie es im Augenblick aussieht, werdet ihr Steuern zu zahlen haben.

Mit Illusionen spielen

Und daher wird der Markt wundervoll und vorteilhaft aussehen, nachdem einige Leute Gewinne aus dem Sturz gezogen haben, aber die

Gewinne werden zu euren Lasten gehen! Ich möchte, daß ihr das begreift. Es gibt bessere Möglichkeiten, Kapitalreserven anzulegen als in unüberschaubaren Aktien. Denn wenn jemand bei diesem Glücksspiel mitspielt, spielt er mit Illusionen und irgend jemand anderes hält die Fäden dieser Illusionen in seinen Händen. Nur Sachvermögen wird euch in den kommenden Zeiten absichern. Eure Nahrung und eure Freiheit werden davon abhängen, ob ihr ein Stück Land besitzt, das ihr euer Eigentum nennen könnt, das euch durch all die kommenden Wirren hindurch gehören wird; denn auf diesem Land werdet ihr mittels des GOTTES in euch Schutz finden, und ihr werdet alles Kommende überstehen.

Sachvermögen. Das Land. Die gute Erde. Das Land ist niemals euer wirkliches Eigentum. Es steht euch nur zur Verfügung. Es ist eure Heimat während dieser Erfahrung. Und es wird da sein, solange ihr es benutzt. Es wird euch absichern. Es wird euch ernähren. Es wird euch erhalten. Und das Gold wird eure Schulden begleichen, damit euch niemand besitzt. Und mit euren Nahrungsmitteln werdet ihr überleben; denn so wie es im Augenblick aussieht, wird bald nach diesem Tage alles immer unberechenbarer werden. Und der Fluß der Dinge wird durcheinander geraten, und in jedem Augenblick wird etwas geschehen können, denn bald nach diesem Tag werdet ihr in einer unberechenbaren Welt leben - die Natur hat euch den Krieg erklärt.

Die Grauen Männer kämpfen. Sie bemühen sich, den Plan weiterhin geheimzuhalten; aber *gesegnet* sind die Personen, die die Wahrheit ausgesprochen haben. Und es gibt viele, die die Wahrheit aussprechen, die den Namen Ramtha noch nie gehört haben. Und einige Leute wachen auf.

Laßt euch in den aufkommenden Veränderungen durch die Nahrung erhalten. Und die USA werden in den letzten Tagen eine unbeugsame Nation sein. Sie werden eine unbeugsame Nation mit unbeugsamen Menschen sein, die sich gegen ihre Versklaver erheben werden. Das wird in diesem Land geschehen. Und die größte Botschaft wird aus dem großen Nordwesten der USA kommen.

Nun, wer wird den Krieg gewinnen? Die Seite des Lichts. Das ist die Bestimmung. Das ist die Wahl. Und die Natur ist in Übereinstimmung mit dem Licht. Durchzuhalten bedeutet, eure eigene Macht zu besitzen, euer eigenes Land zu besitzen und euren Körper zu stärken. Es bedeutet souverän zu werden und zu lernen, sich mehr an den Bedürfnissen von - nun ja - einfachen Menschen zu orientieren. Daran ist nichts falsch. Und ich würde euch raten, das Zeichen der Bestie, die Debet-Karte, nicht anzunehmen, obwohl ihr tun könnt, was immer ihr wollt, denn es ist euer Wille, der auswählt. Noch ist diese Karte kein zwingendes Gesetz. Ihr werdet aber sorgfältig dahingehend manipuliert.

Wie lange wird das dauern? Das gesamte Wirtschafts- und Währungssystem muß erst weltweit zusammenbrechen, damit die Debet-Karte als die Rettung eingeführt werden kann. Wie es im Augenblick aussieht, habt ihr etwa vier Jahre, um in der Tat eure Zukunft und auch eure Souveränität zu sichern, um in der Lage zu sein, euer Papiergeld einzutauschen und euch so vollständige Souveränität zu schaffen. Denn wie es im Augenblick aussieht, sind vier Jahre für die Leute, die die Welt regieren, die optimale Zeitspanne, um ihr Ziel zu erreichen. In den vier Jahren wird noch eine Menge geschehen!

Kommende Tage? Nun, wir haben über die Wirtschaft gesprochen, und warum sie so ist, wie sie ist. Wir haben über die Erde und ihre Veränderungen gesprochen, und warum es für sie notwendig ist sich zu verändern. Und wir haben ein wenig über die Wahlfreiheit gesprochen, und warum ihr göttlich seid, diese Wahl treffen zu können.

Erinnert ihr euch, daß ich zu euch sagte, daß es Hoffnung gibt? Ja? Erinnert ihr euch, daß ich sagte, daß es Wahlmöglichkeiten gibt? Ja? Diejenigen, die sich als freie Menschen wahres Verstehen angeeignet haben, haben ganz außergewöhnliche Wahlmöglichkeiten. Diejenigen, die absolute Souveränität erlangt haben, die im Bereich ihres eigenen Grundstücks leben und die von der größeren wirtschaftlichen Gemeinschaft unabhängig bleiben, denen stehen viele Möglichkeiten offen.

Es gibt weit mehr Menschen, die diese Informationen haben, als nur diejenigen, die dieses Buch lesen. Es gibt viele, die sich dieser Dinge bewußt sind, die außerhalb der USA leben. Glaubt ihr, daß die größten Finanzzauberer nur deshalb Ländereien besitzen und ihren Wohlstand und ihr Geld in Form von Gold- und Silbermünzen vergraben haben, weil das eine seltsame Angewohnheit von ihnen ist? Sie sind keine armen Schlucker, die irgendeinem merkwürdigen Typen zuhören, der ihnen von all den Dingen, die da kommen werden, erzählt. Sie sind Wesenheiten, die bewußt leben, sie haben schon Vorsorge getroffen.

Was glaubt ihr, wohin die Grauen Männer gehen werden? Sie leben in den *Bergen*. Sie haben Zufluchtsstätten. Sicherlich haben sie auch ihre Paläste, aber sie haben auch ihre sicheren Orte. Glaubt ihr, daß sie sich nicht auch vorstellen könnten, daß es die Möglichkeit ihres Versagens gibt? Oh ja, und sie haben sich sehr gut vorbereitet.

Ist dies alles also nur eine Lernerfahrung für einen Haufen spiritueller Leute, die einer merkwürdigen Wesenheit irgendwohin folgen? Ganz und gar nicht! Nur das Anwachsen solcher veränderter Egos hat bewirkt, daß die Menschen die Erde, ihr Land, verlassen und sich in Großstädten versammelt haben, und so zu Sklaven derer wurden, die sie beherrschen. Und erst seit kurzem haben die Menschen aufgehört, ihre eigenen Nahrungsmittel anzubauen und zu ernten und Vorräte anzulegen. Heutzutage, mit all euren Annehmlichkeiten erscheint es euch geradezu töricht, Nahrungsmittel einzulagern. Aber jeder ist weise, der das tut. Und viele dieser Weisen wissen nichts von mir und von euch, und viele von ihnen sind sehr gebildet und sich dessen sehr bewußt, was geschehen wird.

Warum hat das Universum nicht “He, Ihr, wacht auf!” gerufen?

Nun, da ihr nicht alleine hier draußen seid, warum hat euch das Universum dann nicht “He, Ihr, wacht auf!” zugerufen? In der Tat, warum haben eigentlich eure Brüder, die in den großen, feurigen Raumschiffen sitzen, nicht zur Menschheit gesprochen? Warum hat GOTT, der Große Gedanke, nicht zu euch gesprochen? Warum schweigt jeder zu dieser Angelegenheit? Es wird nicht mehr lange geschwiegen werden. Denn jedes Teil des Ganzen ist zugleich Alles-in-Allem. Die ISTHEIT, GOTT, das Mutter-Vater-Prinzip, hat geschwiegen und erlaubt, daß darüber nachgedacht wird, worum es hierbei geht - nämlich um das menschliche Drama -, damit die Menschheit in die Lage versetzt wird, ein Entfalten durch den ihr gegebenen Willen zu erleben, damit ihr aus eigener Wahl vorankommen könnt, um verwirklichter Gott-Mann bzw. verwirklichte Gott-Frau zu werden. Und das wurde erlaubt - es wurde zugelassen.

Stellt euch vor, der Weltraum hätte eine Stimme

Der Große Gedanke hat also - stellt euch vor, der Weltraum hätte eine Stimme - nichts laut gesagt. Ihr habt schon von Engeln gehört. Nun, es gibt eine Menge der verschiedensten Engel. Einige von ihnen sind Wesenheiten mit einer höheren Schwingung, einer höheren Energiemenge. Und dann gibt es die Engel aus früheren Zeiten, die den Menschen auf der Erde erschienen sind und ihnen Prophezeiungen gaben und sie aus ihrer Nachlässigkeit herauszuholen versuchten. Und jene Engel kommen in großen Schiffen. Sie sind die feurigen Formen, die feurigen Schiffe, und sie werden von jetzt an sichtbarer an euren Himmeln erscheinen.

Wenn ihr glaubt, daß ihr die einzigen großartigen Wesen in diesem Universum seid, dann seid ihr noch engstirniger, als ich zuerst vermutet habe

Und es werden immer mehr Menschen mit diesen Wesen in Kontakt kommen. Mehr und mehr und mehr. Sie existieren *wirklich*. Wenn ihr dasitzt und meint, daß ihr die einzigen großartigen Wesen in diesem Universum seid, dann seid ihr noch engstirniger, als ich zuerst vermutet habe. Und wenn ihr glaubt, daß unter zehn *Milliarden* Sonnensystemen in eurer Milchstraße - und in diesen Sonnensystemen existieren wiederum ganze Universen - wenn ihr tatsächlich glaubt, daß dieser Smaragd mit seiner gelben Sonne im äußersten Teil von GOTTES Geist die einzige Bühne sei, auf der das menschliche Drama gespielt wird, dann braucht ihr eine Vision. Ich werde euch eine senden. So sei es!

Sie haben für eine Zeitverschiebung zu ihren eigenen Gunsten gesorgt

Ihr habt da draußen Brüder und Schwestern mit menschlicher Intelligenz. Ja, sie sehen anders aus als ihr. Das kommt daher, daß ihre Umweltbedingungen andere sind. Erinnert ihr euch? Die blaue Sonne und kein Grün? Es gibt verschiedene Systeme und die Umweltbedingungen verändern das menschliche Wesen. Aber das macht sie nicht weniger schön oder weniger liebevoll. Und es bedeutet auch nicht, daß sie keine Seele hätten, denn sie haben eine. Diese Wesenheiten haben in eurer Evolution eine große Rolle gespielt. Erinnert euch: Ihr lebt in einem sehr langsamen Zeitenfluß. Eure Brüder und Schwestern haben für eine Zeitverschiebung zu ihren eigenen Gunsten gesorgt. Das ist die Intelligenz, die euch im Superbewußtsein erwartet.

Nun, diese Wesenheiten merken sehr wohl, was hier geschieht. Die Zerstörung des Gewebes der Erde ist ihnen sehr bewußt. Sie wissen sehr wohl um die Stratosphäre. Das alles ist ihnen sehr bewußt. Warum sollte ihnen das alles sehr bewußt sein? Weil sie eure Brüder und Schwestern sind und weil euer VATER in der Tat auch ihr VATER ist. Und sie sind die Engel der früheren Zeiten, die den vergangenen Menschengenerationen erschienen sind. Sie sind die Engel, die die Vision der Offenbarung übermittelten. Ja, sie waren es, die den Geist der Propheten dazu bewegten zu sprechen. In allen Ländern. Nicht nur zu Abraham und seinem Volk, sondern auch zu den Menschen vor seiner Zeit, um der Menschheit aus der Stagnation herauszuhelfen und sie in ihrer Evolution voranzubringen!

Sie kommen nicht hierher, um euch alle aufzusammeln und euch dann an einen anderen Ort zu bringen

Und sie sind nicht hier, um euch zu retten; sondern sie sind hier, um euch zu helfen. Sie kommen nicht hierher, um euch alle aufzusammeln und euch dann an einen anderen Ort zu bringen. Warum sollten sie das tun wollen? Sie haben ihre eigene Umwelt, an die sie denken müssen! Nun, das ist eine Wahrheit. Schaut, was ihr mit eurer Umwelt angestellt habt. Warum sollten sie euch auch noch auf ihre Umwelt loslassen?

Sie sind hier, um bei der Rettung der Erde zu helfen. Sie sind im Einklang mit ihrer Bewegung und ihrem Tempo. Und sie sind auch zur Einschüchterung hier, um das große Spektrum des sogenannten veränderten Ego einzuschüchtern. Sie sind hier, um den Krieg gegen die wenigen Unbeugsamen Gottes zu beenden. Und ihr Feuer wird wie der

Stich eines Skorpions vom Himmel sein. Sie sind hier, um jenen zu helfen, die nicht dulden wollen, daß ihnen ihre Freiheitsrechte, ja letztlich ihre gesamte Freiheit geraubt wird, und um Druck auf diejenigen auszuüben, die den Freiraum zum Zusammenbruch bringen wollen. Sie sind auf eurer Seite.

Es ist vollbracht!

Und sie handeln in Harmonie mit der Erde und ihrer Bewegung und um den Druck der Wirtschaft zu verändern und die letztendliche Versklavung der ganzen Welt zu verhindern. Sie handeln im Auftrag einer einzigen Stimme, der Stimme, die noch niemals gehört wurde: der Stimme GOTTES. Der Stimme, die aus allen Dingen spricht, von dem entferntesten Stern, von jenseits der Vision dessen, was ihr für den Weltraum haltet, durch alle Ebenen aller Universen, eine Stimme, die die Worte spricht, die niemals ausgesprochen wurden - und diese Worte lauten: "Es ist vollbracht!"

Das Ende der Zeit

Dieser Klang bedeutet die endgültige Befreiung vom veränderten Ego. Denn wie könnte das Gedeihen der Menschheit fortbestehen, wenn das, was immer von Dauer war, die - gottgegebene - Fähigkeit, einen Willen zu haben, sich ändern zu können und eine Auswahl treffen zu können, nicht mehr existiert? Das versteht ihr nicht? Wenn ihr eure Wahlfreiheit aufgebt, wenn ihr in der Tat keine Entscheidungsfreiheit mehr habt, sondern in Besitz genommen seid, dann ist das das Ende der Zeit. Bedenkt auch, daß die Zeit, die manifestiertes Schicksal ist, auf Wahlfreiheit und gemeinschaftlichen Einstellungen basiert, die sich im Jetzt ausdrücken und die die Zukunft sichern.

Wenn die Zukunft keine Wahlfreiheit mehr enthält, sondern in der Masse der Menschen zusammengebrochen ist, die ihre Macht *vollkommen* weggegeben haben, dann gibt es im menschlichen Drama, im menschlichen Geist, keine Weiterentwicklung mehr. Denn was wäre das Leben ohne Möglichkeiten freier Entscheidung? In der Tat, was könnte Evolution und Weiterentwicklung dann noch bedeuten? Worin könnte der Geist dann noch schwelgen? Wo wäre die *wilde* Freiheit der Seele? Wohin könnte sie sich noch entwickeln? Würde sie dahinscheiden und als eine Seele wiederkehren, die ihre Macht vollkommen weggegeben hat? Das ist es nämlich, was die Debet-Karte letztlich bedeutet.

Die Debet-Karte, wie sie genannt wird, ist an sich nicht schlecht. Sie ist nur das Instrument. Sie ist das Instrument, durch das ihr euer unveräußerliches Recht auf Freiheit aufgebt, in der Tat euer göttliches Recht auf die Wahlfreiheit, darauf, ein lebendes, lebendiges Individuum, ein menschliches Wesen, das im Schoße der Ewigkeit verherrlicht ist, zu sein. Und die Zeit ist dann am Ende. Versteht ihr denn nicht, daß es das ist, was mit dem Ende der Zeit gemeint war?

Zeit ist nur im Zusammenhang mit Veränderung von Bedeutung. Sie ist nur für die Weiterentwicklung relevant. Die Evolution braucht nicht stattzufinden, wenn es keine Zeit gibt. Denn Zeit und Evolution sind ein und dasselbe. Sie fließen, sie müssen zusammen existieren - als Leben und Fortbestehen. Denn wenn ihr euch nicht mehr entwickelt und wenn ihr keine Wahlfreiheit mehr habt, außer durch das Instrument, dann habt ihr die Wahl getroffen, euer göttliches Recht auf Individualismus und manifestiertes Schicksal wegzugeben. Habt ihr das verstanden?

Was wären die Arbeit und das Land wert, wenn es keine Freiheit gäbe?

Also worum - und diese Lehre wird mit diesem Satz noch unerhörter - also worum bemühen sich eure großen Brüder? Euch, den wenigen Unbeugsamen Gottes, die Wahlfreiheit des Fortbestehens zu schenken; denn was bedeuten schließlich ein Amboß oder ein Pflug für sie? Was wären die Arbeit und das Land wert, wenn es keine Freiheit gäbe? Beides hätte keinerlei Bedeutung. Und die Menschheit, die in das Drama dieses Verstehens verwickelt ist, muß jetzt das größte Potential des Christus im Inneren und die *Würde* der Männlichkeit und der Weiblichkeit erkennen. Ihr müßt jetzt verstehen, was ihr ohne das veränderte Ego sein könntet. Ihr müßt erkennen, was ihr ohne Begrenzungen sein könntet. Darum diese Einmischung; darum ist es für die Natur notwendig, sich zu bewegen. Das ist der Grund dafür, daß *sie* kommen, um euch zu helfen.

Wißt ihr, daß ihr eigentlich schon wißt? Wißt ihr, daß ihr eure Entscheidungen trefft, ohne es richtig zu bemerken? Davon handelt dieses Buch. Durch das Lesen dieses Buches eignet ihr euch das Wissen an, das es euch ermöglicht, eine bewußte Entscheidung zu treffen. Ihr könnt das Instrument, die Karte, haben, aber ihr werdet eure Seele verkauft haben. Oder ihr weist das Instrument zurück und lebt von der euch verwöhnenden Erde, die für euch sorgen wird. Und an dieser Entscheidung werdet ihr erkannt werden, sogar von euren größeren Brüdern; sie werden in den Zeiten, die bevorstehen, Bescheid wissen.

Und ohne das Instrument kann die Weltordnung eure Bewegungen nicht verfolgen. Denkt darüber nach!

Ich habe euch gesagt, daß es niemals einen Atomkrieg geben wird - das ist wahr. Nicht einmal die Grauen Männer können sich wirklich einen leisten. Was wäre der Nutzen davon, alles in die Luft zu jagen, wenn man doch eigentlich die höchste Autorität sein will? Was bedeuten dann aber die Tage des Feuers, die kommen werden?

Feuer. Vieles davon hat mit den Veränderungen in der Erde zu tun; Feuer, die auf der Erdoberfläche außer Kontrolle geraten. Ja, sie werden kommen; es hat sie schon gegeben, und sie werden sich fortsetzen. Was bedeutet das? Von dem Augenblick an, in dem die wenigen Unbeugsamen einer unbeugsamen Nation aufstehen und sagen: “Genug. Wir werden das nicht tun”, *wird* das erste Mal ein globaler Krieg über Amerika hereinbrechen. Und dieser Krieg wird mit der Drohung der nuklearen Vernichtung geführt werden. Ihnen gehört ja dieses Spielzeug.

Es geschieht dann, wenn die Grauen Männer drohen, daß die Stimme verkünden wird: “Es ist vollbracht.”

Das Ganze wird durch das Eine beeinträchtigt

UND IHR WERDET ZUM HIMMEL aufschauen und dort eine Armada erblicken, die jenseits eurer Vorstellungskraft liegt und die auf eurer Seite steht, denn ihnen ist bekannt, wer ihr seid. Und die Meister des menschlichen Dramas werden hervortreten. Und viele von ihnen sind nicht in dieser Veranstaltung. Sie sind an anderen Orten. Sie wissen um diese Dinge aus sich selbst heraus. Sie haben sich selbst erlaubt, bewußt genug zu sein, es zu wissen. Sie haben ihre Ängste überwunden. Sie wissen es. Sie werden auch erkannt. Es gibt Menschen in anderen Ländern, die auch davon wissen. Woher wissen sie? Sie wissen einfach. Denn der Herr und Gott ihres Seins, der sich in der Tat darum bemühte, mutig zu leben, zeigte es ihnen. Sie wissen es. Es gibt also viele - viel mehr, als jemals dieses Buch lesen werden. Es gibt viele, viele mehr.

Ungefähr im Jahre 2042 wird die Erde wieder so aussehen, wie zu der Zeit, als ich sie kannte

Was wird also geschehen? Nun, eure Brüder werden euch helfen, die Stratosphäre zu säubern. Sie wissen, wie man das macht. Durch Neuaussaat und Stabilisierung ihrer Bewegung und der Wetterbedingungen wird die Erde um das Jahr 2042 herum wieder so aussehen, wie damals, als ich sie kannte. Das Wachstum wird üppig sein und das Leben grün, der Himmel blau und die Gewässer sauber; dies ist ihre Bestimmung. Und sie wird sich selber heilen. Das ist schon sichtbar. So ist es ihr bestimmt. So ist das. Es ist Gesetz. So sei es!

ER kehrt wieder

In der Heerschar, die wiederkehrt, lebte und lebt Yeshua ben Joseph, Jesus, ein manifestierter Christus. Denn diese Wesenheit, diese *gesegnete* Wesenheit, offenbarte GOTT als den als Menschen lebenden Gott. Es hat jede Menge Glaubenssätze über diesen großen Christus gegeben. Doch das ist kein Punkt, über den man streiten muß, außer, daß er noch lebt. Und diese Wesenheit bemühte sich euch zu lehren, daß das, was in ihm ist, auch in euch ist. Und er versprach wiederzukehren. Und er kehrt wieder - in der Armada. Diese Wesenheit, Yeshua ben Joseph, ist ein manifestierter, ein offenbarter GOTT, dem die Engel zu Diensten stehen, und ich spreche dabei von sichtbaren und unsichtbaren Wesenheiten. Denn er verfügte über das ausgedehnte Allwissen um sie wahrzunehmen; er sah und sieht, was ihr nicht sehen könnt.

Die Auferstehung Christi, das heißt Gott-Mann bzw. Gott-Frau verwirklicht, bedeutet, daß Christus zurückkehrt, um das, was man den Teufel nennt, nämlich das veränderte Ego, freizusprechen und mit dem göttlichen Plan für die Menschen voranzukommen - nämlich daß der Mensch erschaffe, wähle, lebe, und den Fluß des Lebens sichere. Das zweite Kommen geschieht nicht außerhalb von euch. Es geschieht nicht da draußen. Es ist innerlich. Die Schlacht von Armageddon spielt sich im Inneren ab. Es ist die Schlacht des inneren Christus, der hervorkommt um seinen ihm zustehenden Platz im Inneren wieder einzunehmen, d.h. das veränderte Ego zu schlagen. Euer verändertes Ego ist der Antichrist. Der Antichrist ist nicht außerhalb von euch. Auch er ist innen. Und das ist auch die Schlacht zwischen eurem eigenen inneren Christus und eurem eigenen inneren Antichrist.

Aber die Wesenheit, die als Yeshua ben Joseph bekannt ist, wird auch wiederkehren. Ja, und viele andere große Wesenheiten werden auch wiederkehren, denn sie leben in einem zeitlosen Fluß. Nun, dies wird euch aber nicht erzählt, um irgend jemandes Offenbarung zu verkünden oder um irgend jemand zu verängstigen. Ich sage es nur so wie es wirklich ist. Denn in dem Augenblick, in dem die Stimme ertönt, die von allen Bereichen allen Lebens ausgeht und sagt: "Es ist vollbracht! Sehet nur, es ist geschafft!" werden sich ganz neue Dimensionen eröffnen, und die Lebendigkeit der menschlichen Erfahrung wird eine neue Möglichkeit des Wachstums durch die Großartigkeit des inneren Königreichs erfahren.

Jene, die zur Ehre ihres inneren Gottes gelebt haben, werden sich erfreuen

Eine ganze Armada hält sich schon hier auf. Wie ich euch versprochen habe, werdet ihr mehr und mehr von ihnen an eurem Himmel sehen. Und eines Tages wird die gesamte Heerschar am Himmel zu sehen sein. Und jene, die zur Ehre ihres inneren GOTTES gelebt haben, werden sich erfreuen. Denn das, was sie schon immer in ihrem Inneren wußten, wird sich auch außen zeigen; das, was sie schon immer erfahren und vermutet hatten - der unsichtbare GOTT, zu dem sie sprachen - wird offenbar werden.

Und wie ist das mit dem Gott, von dem jeder dachte, er sei nur eine Einbildung von irgend jemandem? Sie werden die Stimme allen Lebens hören, die in den letzten Tagen widerhallt. Aber das Ende wird der Anfang des Neuen sein.

Diese Zeit der Veränderung, dieser sich überstürzende Walzer der Tyrannen wird ein baldiges Ende finden. Die letzten, radikalen Tage dieser Tyrannei und deren menschliche Erfahrung - Krieg und Tod, die nur zum Zwecke der Kontrolle und Machtausübung verursacht wurden - werden danach niemals wieder im Reich des Menschen erfahren werden. Die Botschaft der kommenden Tage wird *alles* in eurem Leben beeinflussen, ganz gleich, wie wenig ihr über das, was ihr hier lest, nachdenkt oder wie großartig ihr es euch vorstellt.

Denn was ihr heute hier lest, ist das lebendige Wort, und das lebendige Wort wird sich manifestieren. Ihr werdet euch dieser Tatsache bewußt werden, wenn sie sich in eurer Umgebung materialisiert. Erfreut euch daran. Es bedeutet das Ende aller Sorgen und Verzweiflung, das Ende von Krieg, Tod und Krankheit. Haß und Bitterkeit werden ihr Ende finden. Denn dies alles sind die Emotionen des veränderten Ego - des Antichristen. So sei es!

Ich möchte, daß ihr wißt, daß ich euch sehr liebe. So empörend, wie dies alles hier auch klingt, so ist es doch die Wahrheit. Unglaublich. Unpraktisch. Unüblich. *"In die Suppe gespuckt."* Aber es ist dennoch die Wahrheit, die euch frei machen wird, auf immer und ewig. Ihr braucht nur euer eigenes Leben zu betrachten, um zu sehen, wie das veränderte Ego sich dort integriert hat. Ihr braucht euch nur anzuschauen, welche Auswirkungen das nach Macht strebende veränderte Ego in eurer kleinen persönlichen Welt verursachen kann. Wenn ihr das in eurem eigenen Leben klar erkennen könnt, warum sollte dies dann nicht auch im weltweiten Maßstab möglich sein? Es ist!

Hört zu, noch etwas anderes bemühe ich mich vielen von euch klar zu machen, nämlich daß ihr göttlich seid. Ja, das seid ihr. Sogar euer Kot ist göttlich, denn er ist Leben. Es gibt nichts Vulgäres oder Ekelhaftes am Leben. Es ist eine Gelegenheit, eine großartige Gelegenheit zu leben, einen Sonnenaufgang zu sehen oder im Mondlicht nachzudenken. Aber es war - gelinde gesagt - eine schwierige Aufgabe mich zu bemühen, hinter eure veränderten Egos vorzudringen, damit die Botschaft, daß ihr göttlich seid, in euer Inneres gelangen konnte, wo sie auch gelebt werden kann.

Ich habe euch belehrt und mich bemüht, euren Geist auf vielerlei Weise auszudehnen. Was immer funktionierte, das tat ich. Ich tat, was immer auch nötig war, um an eurem Kasten zu rütteln, um euch aus eurer Lethargie aufzurütteln, damit ihr etwas Wichtiges sehen könnt, etwas, was euch betrifft, und zwar euch alle. Seit ich zu euch das erste Mal über *Wendezeit - die künftigen Tage* sprach, worüber inzwischen ja ein Buch erschienen ist, ist einiges davon bereits eingetreten. Und das wird auch mit diesen Dingen geschehen. Und wie es im Augenblick aussieht, wird all das noch geschehen, sei es nun durch menschliche Vorgabe oder durch die Reaktion der Natur.

Eure Tugendhaftigkeit entspricht euren Entscheidungen

Versucht zu sagen: "Ich liebe Gott" und "Ich bin göttlich." Sagt: "Ich liebe Gott", und laßt alle diese Aussagen in eurem Inneren widerhallen. Was bedeutet euer Leben im Lichte der Ewigkeit? Wie erscheinen eure Entscheidungen im Lichte der Ewigkeit, in diesem eurem Lebensatem, in diesen wenigen Augenblicken? Welchen Wert hat es zu sagen: "Ja, das, was außerhalb von mir ist, ist auch in mir und ich bin göttlich"? Eure Tugendhaftigkeit entspricht genau euren Entscheidungen - das ist eine starke Aussage, aber es ist die Wahrheit.

Es gibt nichts, was ich angesprochen habe - und ich habe nur an der Oberfläche gekratzt - was jemand, der mit Göttlichkeit ausgestattet ist, nicht ändern könnte. Wenn im nächsten Augenblick drei der Grauen Männer - und ich muß diese Bezeichnung wählen, weil sie so gut paßt - plötzlich das Licht sehen würden, hätte das verheerende Auswirkungen auf den ganzen Plan. Und glaubt ihr nicht, daß das Licht auch zu ihnen gedrängt wird? Ganz gewiß!

Glaubt ihr nicht, wenn den Gesetzgebern diese Informationen zugetragen würden, daß dies, so wie es im Augenblick aussieht, der passende Weg wäre, ihnen eine Möglichkeit zur Veränderung zu geben? Sie sind Götter. Sie sind mit göttlichem Licht ausgestattet, genau wie ihr.

Wißt ihr denn nicht, daß es manifestierte Bestimmung ist, euch in euren Entscheidungen anzusprechen. Daß die Mitteilung von Dingen, wie sie in diesem Augenblick gesehen werden, euch das Recht gibt, euer Denken zu ändern? Versteht ihr mich? Da ihr jetzt davon wißt, könnt ihr etwas unternehmen.

Das Ganze wird durch das Eine beeinträchtigt. Ja, so ist es. Und diese Leute haben euch im Würgegriff, wenn es um Geld geht; ja, das haben sie. Aber glaubt ihr nicht, daß auch sie geliebt werden? Das werden sie. So wie es in diesem Augenblick gesehen wird, und dieser Augenblick gilt unausweichlich für das, was ich euch heute erzählt habe. Städte werden ins Wanken geraten und sie werden zerfallen. Die Menschen werden wie eine Herde in ein bestimmtes Bewußtsein hineingetrieben werden. Man wird sie einschüchtern. Und die Erde wird sich weiterdrehen.

Wie großartig seid ihr?

Wißt ihr nicht, daß sich schon im nächsten Augenblick - und das wäre die Zukunft - alles ändern könnte? Ja. Aber wie großartig seid ihr? Seid ihr bereit, nur soviel zu ändern, daß ihr für euch selbst Vorräte anlegt? Wenn ihr euch nicht dahin bringen könnt, die Notwendigkeit dafür anzuerkennen, wie könnt ihr dann annehmen, daß die Menschheit als Ganzes ihren Verbrauch an fossilen Brennstoffen verändern könnte, ganz abgesehen von der Tatsache, daß sie die ganze Erde zerstört? Wenn ihr es nicht für notwendig haltet, eure eigene Nahrung zu bevorraten, warum sollten sie dann die Notwendigkeit zur Beendigung ihrer Habsucht erkennen? Faire Frage? Jawohl!

Das Beste, was ihr für die Menschheit tun könnt, ist, "Nein danke" zu sagen

Und doch erfordert es viel Mut etwas zu verändern. Es erfordert Mut, eine Zukunft zurückzuweisen, von der ihr geplant hattet, daß sie aus Erfolg, Geld und Ruhm und aus der Anerkennung, etwas Historisches für die Menschheit geleistet zu haben, bestehen sollte. Laßt mich euch etwas sagen, was euch vielleicht schockieren wird. Das Beste, was ihr für die Menschheit tun könnt, ist, "Nein danke" zu sagen. Das habt ihr nicht erwartet, nicht wahr? Das ist nicht das, was die Hochschule, die Eltern und das System euch beigebracht haben?

Was ist nun also mit eurer Zukunft? Diese Informationen werden auf eine Menge Dinge in eurer Zukunft einwirken. Und dennoch ist die Zukunft nur so stark wie der gelebte Augenblick. Je mehr das Bewußtsein an die Oberfläche kommt, in Form von Erleuchtung, Wissen und Verstehen, desto größer ist eure Chance aufzuwachen und zu überleben.

Schaut euch die Fische an, die am Strand liegen. Was sagen sie euch? Betrachtet den Baum. Warum stirbt er? Es dauert nur einen Moment aufzuwachen. Und indem mehr und mehr Menschen aufwachen, könnte sich die ganze Welt im nächsten Augenblick verändern. Versteht ihr? Denn die Natur steht mit Sicherheit auf eurer Seite, und das ist eine sehr verträgliche Beziehung, solange es Respekt und Achtung für das Leben gibt.

Ihr habt die Macht, einen Samen zu pflanzen

Ich liebe euch, Meister, denn ich war einer von euch. Und sogar zu dieser Stunde, da ihr meine Worte lest, spreche ich euch in einer sicherlich ungewohnten Ausdrucksweise an.

Entfernt den Wächter von eurer Tür, schiebt euer verändertes Ego beiseite, hört auf zu urteilen und achtet auf diese Worte. Ihr habt die Macht, eure persönliche Realität zu verändern und Freude zum Ausdruck zu bringen. Ihr habt die Macht, einen Samen zu pflanzen und den Weizen wachsen zu sehen. Ihr habt die Macht, eine Änderung zu bewirken - aber das erfordert Mut.

Ihr habt all das bisher nicht nur gelesen, um Informationen über eure Zukunft zu bekommen. Ihr wollt wissen, was geschieht. Ihr wollt wissen, was genau geschehen wird. Ihr habt dieses Buch zur Hand genommen, um zu verstehen. Das erforderte Mut, aber der größte Mut kommt aus dem GOTT in euch, nicht aus eurem veränderten Ego. Und dieser große Mut ist in besonderer Übereinstimmung mit dem Drang nach vorn, der Evolution, die die Natur oder das Leben genannt wird. Es erfordert Mut sich um sich selbst zu kümmern. Es erfordert Mut euer Licht auch zu leben, damit euer Licht auch in der Welt strahlen möge. Es ist eine vortreffliche Wesenheit, die so lebt. Aber es gibt Wesenheiten, die diese Absätze lesen, die vortrefflich und außergewöhnlich genug sind, um dieses Licht zu sein. Denn sie wollen es so.

Würde. In der Sklaverei gibt es keine Würde und es hat dort nie welche gegeben. Würde ist nur in einem menschlichen Wesen, daß frei und souverän ist. Das macht die menschliche Würde aus. Und der souveräne Mensch ist einer, der seine Würde nach seinen besten Kräften in seiner eigenen privaten Welt durch die ganze Ewigkeit hindurch auslebt.

Niemand hat euch in diese Zwickmühle gebracht. Niemand hat die Menschheit gezwungen, in diese Umstände zu geraten. Ihr seid eher in eine Bequemlichkeit hineingerutscht, die ganz in Ordnung schien. Es war ein Täuschungsmanöver, das euch in einen Schleier von Sicherheit hüllte. Es bestand aus Gewährenlassen und es bedeutete, daß ihr nicht die Verantwortung für euer persönliches Leben übernommen habt. Ihr gabt die Verantwortung an die Regierenden, an die Politiker und Könige, an die Geldmacher und die Bankiers ab. Ihr habt ihnen die Macht gegeben darüber zu entscheiden, wie eure Welt aussehen soll. Und wenn es euch dann nicht gefällt, könnt ihr ihnen immer die Schuld geben. Aber es beginnt bei *euch* und damit, wer ihr seid.

Das, was ihr geschaffen habt, könnt ihr auch wieder abschaffen

Die Souveränität ist fast verloren gegangen. Sie ist beinahe zu einem mystischen Traum geworden, zu etwas nicht wirklich Greifbarem in dieser Welt der kalten, harten Fakten und Realitäten. Und dennoch ist die Souveränität nach diesem Verstehen das Optimum, das es für eine jede Wesenheit zu erreichen gilt. Was ihr erschaffen habt, könnt ihr auch wieder abschaffen, indem ihr euch davon löst und vorwärts schreitet. Und jawohl, dies könnte bedeuten, von selbst angebauten Früchten eures eigenen Grund und Bodens zu leben und in einer Hütte zu wohnen. Und wenn das bedeutet, in den nächsten vier bis fünf Jahren soviel Gold wie nur möglich zu verdienen und jede geniale Chance zu ergreifen, die sich euch bietet, um eure Freiheit zu erkaufen und um eure Rechte zu sichern, dann tut das. Ich werde euch helfen. So sei es!

Alles, was euch in eurem Leben langweilt, ist eine Wiederholung durch das veränderte Ego

Es geht darum, eure Würde und eure Macht zurückzugewinnen. Das bedeutet, aus dem GOTT eures Seins zu leben anstatt aus dem veränderten Ego. Und wenn das zum ersten Mal in eurem Leben hervortritt und bedeutet, euer Haar wachsen zu lassen, dann tut es! Wenn es bedeutet, Verantwortung für euer Leben zu übernehmen, dann tut es! Wenn es bedeutet, euch zu verändern und weiterzuschreiten, dann geht weiter.

Und wenn es bedeutet zu erkennen, daß alles, was euch im Leben langweilt, eine Wiederholung durch das veränderte Ego ist, etwas, was ihr schon gelernt habt und jetzt nur wiederholt, dann erkennt das! Und schreitet voran.

Nur in einer kühnen Aussage wird Genie geboren

Und es könnte sehr wohl bedeuten, daß ihr das erste Mal in eurem Leben aus dem Herrn und GOTT eures Seins sprecht und dabei kühn eine Wahrheit äußert. Und das könnte bedeuten, daß euch jedermann verachtet, weil ihr das gesagt habt, aber ihr werdet ein Individuum geworden sein! Und ihr braucht überhaupt nichts wegzugeben. Ihr braucht niemanden zu betrügen, um GOTT zu lieben. Für die Liebe GOTTES braucht ihr niemals irgend etwas an Menschen preiszugeben. Und dennoch wird Genie nur in einer kühnen Aussage und in einer kühnen Bewegung geboren.

Gibt es ein großes Licht, das euch begleitet? Gibt es die Gelegenheit, die euch gewähren läßt? Seid ihr auserwählt? Denn der gesichtslose Pöbel wird nicht auserwählt sein, denn er hat die Wahl getroffen, keine Wahl zu treffen.

Wenn Vergebung nicht in Mode ist

Wie schwierig kann es sein, die eigene Integrität zu leben? Ist es nicht heuchlerisch, sich über das Loch in der Stratosphäre zu empören und dann ins Auto zu steigen, es zu starten und dann eine Spazierfahrt zu unternehmen? Die eigene Integrität zu leben, ist genauso schwierig, wie auf etwas, von dem man innerlich weiß, daß es richtig ist, zu bestehen und die Kühnheit und den Mut zu besitzen, dies auch zu leben. Es kann genauso schwierig sein wie die Entscheidung zu treffen, in einer Gesellschaft, die Gleichgültigkeit bevorzugt, Freundlichkeit zu zeigen. Vielleicht heißt es auch Vergebung zu wählen, wenn es Mode ist, nicht zu vergeben.

Und vielleicht heißt es für euch zu sagen: “In meiner Realität habe ich keine Feinde. Denn in meiner Realität existiert nur die Herrlichkeit GOTTES. Und in der allumfassenden Herrlichkeit GOTTES gibt es nichts Böses, sondern nur den Fluß des ewiglich Guten. Und das ist meine Realität. Denn in den Herzen der Menschen werden Bösartigkeit und Krieg gewählt. In meinem aber wähle ich solche Ausdrucksformen nicht länger. Ich habe keine Feinde."

Das ist kühn. Das ist gelebte Wahrheit, die sich in *allen* Lebensstrukturen widerspiegelt. Spirituelles Geschwätz bewirkt gar nichts, wenn es nicht auch gelebt und als Herzschlag des Lebens selbst erkannt wird. Eine Philosophie wird euch nur eine Menge Gerede und eine Menge Wiederholungen einbringen. Sie ist ohne Bedeutung dafür Brot auf den Tisch zu bringen. Alle Kristalle der Welt werden euch nicht helfen zu überleben; egal ob ihr in ihnen lebt, sie tragt, ihnen dient, auf ihnen sitzt, auf ihnen schlaft oder mit ihnen reist. Und sie werden euch nicht ermöglichen GOTT zu erkennen. Das ist nur jedem selbst möglich.

Alles, was sich verändert, ist flüchtig. Alles, was geschieht, kann sich im nächsten Augenblick ändern. Die gesamte menschliche Rasse hat keine neuen Ideale mehr, sie sind nur Heuchler. Das Ideal war jedoch niemals etwas außerhalb eurer selbst, sondern *ihr* selbst seid das Ideal. Klar?

Wie ich euch schon sagte, wähltet ihr, was beschlossen wurde. Und wenn ihr nun Veränderungen vornehmt und auf eine Weise zu leben wählt, die als dumm, empörend, unbegreiflich und kompromißlos kritisiert wird, wenn dieses Leben euch jedoch Selbstbestimmung und Souveränität ermöglicht, dann vergebt eurem Bruder, der euch kritisiert, denn er wiederholt nur die Gefühle derer, die ihn besitzen.

Und wenn ihr entscheidet, der Herr und Gott eures Seins zu sein, werdet ihr die Herrlichkeit GOTTES schauen und die Stimme vernehmen, die niemals gehört wurde. Und ihr werdet die Wiederkehr des makellosen Christus und vieler anderer, die wie er sind, erleben. Ihr werdet den Herrn der Heerscharen erleben. Ihr werdet das Neue Jerusalem, das *Neue Zeitalter*, wie es genannt wird, erleben. Aber in Wirklichkeit werdet ihr das Superbewußtsein erleben. Und mit der Entfernung des veränderten Egos öffnet sich das Gehirn und erblüht. Und mit der Entfernung der Angst entwickelt sich die Seele wieder. Mit der Entfernung des blindmachenden grauen Stars der Begrenzungen werdet ihr fähig sein, Dimensionen und Lichter zu sehen, die ihr nie zuvor wahrgenommen habt. Ihr werdet sogar mich wahrnehmen.

Wie nah sind all diese Dinge bereits? Euer Finanzmarkt wird von diesem Zeitpunkt an unberechenbar sein. Er wird zu Fall gebracht werden; dieser Sturz ist geplant; so steht es im Programm.

Euer Gold wird nicht immer für euch erhältlich sein. Wenn ihr es erwerben wollt, dann tut das sobald wie möglich. Ganz egal, was ihr dafür zahlen müßt, es wird eure Souveränität in den kommenden Tagen erkaufen.

Für jene von euch, die arbeiten: Eure Wirtschaft verändert sich, und viele der Hoffnungen und Träume und Bestrebungen der Mittelklasse in Amerika und anderen Ländern werden sich nicht verwirklichen. Es gibt jedoch einen besseren Weg sie zu verwirklichen, als durch die Liebe zum Geld, nämlich durch die Liebe zu dem GOTT in euch und durch die Macht, eure Wünsche zu manifestieren. Euch wird geholfen werden.

Und wenn ihr eure Nahrungsmittelvorräte noch nicht besorgt habt, dann würde ich euch raten, spart dafür, obwohl ihr auch anders entscheiden könnt. Gegenwärtig wachsen überall Nahrungsmittel. Sie sind grundsätzlich reichlich vorhanden, besonders im Nordwesten Amerikas. Nutzt das, was jetzt ist, aus, denn das Jetzt wird sich verändern. Und zu eurem Wasser: Ich wage zu sagen, daß einige, die dies hier lesen, schon einen kleinen Schimmer davon erfahren haben, was es bedeutet, ohne Wasser zu sein - Wasser ist unbedingt erforderlich. Und Land ist auch unbedingt erforderlich.

Und wenn ihr nicht die Mittel und Wege habt, diese Dinge zu beschaffen, und dennoch den Wunsch und das Bedürfnis nach Veränderung verspürt, dann wird euch geholfen werden. Und wenn ihr einander liebt, dann *helft* einander. Und wenn ihr kein Land habt, aber euer Bruder hat jede Menge davon, dann bittet ihn, euren Garten dort anlegen und dafür sorgen zu dürfen. Es wird manifestiert werden. Und wenn ihr sagt, ihr habt von all dem keine Ahnung, werde ich euch Boten* senden, die euch helfen werden, es zu lernen - sofern ihr diese Wahl getroffen habt.

---

*Anm. d. Übers.: Boten (von engl.: "runner") sind Wesenheiten, Gedanken, Visionen oder Erlebnisse, derer sich Ramtha bedient, um den Menschen

Und wenn ihr sagt: “Dies ist sicherlich kein so blühendes Geschäft geworden, wie ich gehofft hatte”, dann haltet durch. Die Dinge ändern sich. Noch einmal: Was würde es euch nützen, die ganze Welt zu gewinnen, und dabei in der Tat eure Seele zu verlieren; was bedeutet, daß ihr euer göttliches Recht, eine Entscheidung zu treffen, für etwas verkauft hättet, das nur wie die Welt aussieht? Ihr würdet sterben. Und in eurem letzten Atemzug würde sich eure größte Angst verwirklichen - nämlich, daß jemand anderes das bekommt, was euch gehörte. Jawohl!

Nun, das, was ich euch in bezug auf die Grauen Männer und einiges aus eurer Geschichte erzählt habe, ging nicht sehr in die Tiefe; denn es gibt größeres, und darüber kann und werde ich in den kommenden Kapiteln sprechen.

Aber eines muß ich euch sagen: Ich schicke euch Energie, die mit dem Herrn und Gott eures Seins im Einklang steht, damit ihr in der Zeit, die euch noch verbleibt um große Veränderungen einzuleiten, sehr erfolgreich sein werdet, wenn ihr Wahlen trefft, die eurer Wahrheit folgen; erfolgreich aber in einer Weise, daß ihr euch nicht an den Wohlstand verkauft haben werdet. Versteht ihr, was ich damit meine? Denn ihr seid von Natur aus Spieler, und in der Seele zu spielen bedeutet zu verlieren. Wenn es gewinnen bedeutete, würde man es nicht spielen nennen, klar?

Wenn ihr euch Mut zu eigen macht, werdet ihr auch Mut haben; wenn ihr euch Angst zu eigen macht, werdet ihr Angst bekommen

Und mit dieser Energie werdet ihr die Schwungkraft besitzen, fähig zu sein, die Veränderungen einzuleiten, die euch helfen werden, euren Bedürfnissen zu begegnen. Aber zuerst müßt ihr eure Wahl treffen, und die kann nicht aus der Angst erwachsen. Sie muß aus eurem inneren

Wahrheiten oder Dinge zu zeigen, zu verdeutlichen oder zu lehren, die ihnen sonst nicht klar würden.

GOTT entstanden sein, denn das ist richtig. Und nur dann werdet ihr nicht Opfer sein. Wenn ihr es anders macht werdet ihr euch selbst betrügen.

Wie werdet ihr die Angst los? Durch Entscheidung. Ihr wählt, ängstlich zu sein. Ihr wählt, Opfer zu sein. Und ihr wählt, keinen Mut zu haben - so einfach ist das. Wenn ihr euch Mut zu eigen macht, werdet ihr auch Mut haben. Wenn ihr euch Angst zu eigen macht, werdet ihr Angst bekommen.

Und vor allem möchte ich nicht, daß ihr, wie man das nennt, einen Reinfall erlebt. Denn ich will euch nicht deprimieren, ich will euch bilden, damit ihr ein breiteres Verstehen gewinnt - damit ihr, wenn ihr aus dem Fenster schaut, wißt, was da kommen wird.

Es wird nur einen Ort in eurer Welt geben, wo es wirklich Krieg geben wird. All die anderen "Kriege" werden nur angezettelt und geführt, um den Ruf nach Demokratie ertönen zu lassen, was wiederum die Darlehen erhöht, die nötig sind, um die Kosten zu decken, was wiederum den Ausverkauf des Willens des Volkes fördert. Die Länder, die zur Zeit (Anm. d. Übers.: Nov. 1987) wirklich miteinander im Krieg liegen, haben mit dieser Manipulation nichts zu tun, da geht es um etwas sehr Ursprüngliches.

Während ihr diese Worte studiert, möchte ich, daß ihr euch mit der Weltwirtschaft und dem Loch in der Stratosphäre beschäftigt. Das ist das Wesentliche, was auf eurer Erde geschieht. Und das ist es auch, worauf wir hier schauen. Ich wollte, daß ihr davon wißt. Nicht, um euch zu überanstrengen oder damit ihr euch wie kleine Kinder angesichts dieser Dinge duckt, sondern damit ihr sie mit einer geistigen Reife betrachten könnt, die es euch ermöglichen wird, dies zu verstehen; damit ihr nicht länger unwissend seid. Denn man wird euch niemals etwas davon sagen, bevor es nicht vollbracht ist.

Nun, ich habe euch in diesem Text nur wenige Boten gesandt; Boten können Personen sein, die euch helfen, etwas zu erkennen, oder auch eine Gelegenheit oder eine Vision. Zu jenen, die nicht glauben, daß Leben auch anderswo existiert, schicke ich einen Boten mit einer Vision. Und ich habe die Feuerschiffe aufgefordert, sich vor euch zu manifestieren, damit ihr sie sehen könnt - das sind zwei kleine Boten. Ich habe keine eurer Ängste manifestiert; ich denke, mit ihnen habt ihr auch ohne die Hilfe aus dem Unsichtbaren genug zu tun. Und ich manifestiere auch eure Wahlmöglichkeiten nicht für euch, denn ihr selbst werdet euch ihnen zuwenden und eure eigene Wahrheit festlegen und euren eigenen Weg einschlagen müssen.

So gibt es diesmal nur wenige Boten; ich habe diesmal nicht so viele für euch. Aber die Visionen und die Erfahrungen, die ihr als Resultat dieser Reise erhalten werdet, werden unvergeßlich sein.

In diesem Buch möchte ich euch auch den Mut veranschaulichen, der aus dem Körper, den ich mir gelegentlich ausborge, ausgeht.* Es erfordert Mut von ihr zuzulassen, daß diese Informationen durchkommen, denn sie sind die Wahrheit. Und das ist wirklich eine sehr mutige und gewagte Tat. Und dennoch wird diesem Haus nichts geschehen. Denn ich stehe mit starker Kraft vor seiner Tür.

Nur mit dem Verständnis all dieser Dinge werden meine Brüder und die wenigen Unbeugsamen Gottes fähig sein zu wählen, wer sie sein und wo sie gerade stehen wollen. Und mit den hier gegebenen Informationen und einem Verstehen dieser Informationen werdet ihr fähig sein, die Wahl für die Herrlichkeit GOTTES zu treffen, für den Vater in euch und zur Herrlichkeit dessen, was kommen wird.

Rückblickend war es überhaupt nicht schwierig, euch all dies zu sagen. Der schwierigste Teil besteht darin, daß ich weiß, wie ihr mit dem, was ihr hier lest, ringt. Ich sehe eure Zweifel an diesen unglaublichen Informationen - nicht nur meine Existenz erscheint einigen von euch unglaublich, sondern auch das, was ich euch sage. Und ich weiß, wie furchtbar unangenehm das alles ist und wie schwer es war zuzulassen, daß dies in euer Bewußtsein tritt. Ich beobachte, wie ihr dagegen ankämpft.

Ich möchte, daß ihr folgendes wißt: Es erfordert ein inneres Wesen, das einem Krieger sehr ähnlich ist, um den Mut zu haben in jeder Situation voranzuschreiten. Nur wenn ihr verweichlichte Schwächlinge seid, werdet ihr euch fallen lassen und euch in einen stillen Tod hineinwimmern, bloß weil sich jemand euch in dieser Angelegenheit vorgeknöpft hat und sagte: "Du bist nicht aus dem richtigen Holz geschnitzt."

---

*Anm. d. Übers.: Ramtha bezieht sich hier auf den Körper von JZ Knight, durch den er spricht.

Nun, ihr alle seid aus dem rechten Holz geschnitzt, und wenn ich dieses Wissen hier genau vor euren Augen ausbreite, dann sehe ich, wie ihr damit ringt. Ich weiß, wer von euch leidet, wer empört ist und wer vollständig versteht. Ich weiß, wer die Fanatiker und wer die Realisten sind. Und aus der Beobachtung eures Ringens mit dem, was ihr hier lest, weiß ich auch, wie schwer der Schmerz über all dies auf eurem Sein lastet, aber ich weiß auch, wie wichtig es für euch ist diese Erkenntnisse anzunehmen, um euer Leben in veränderte Bahnen zu leiten, damit ihr alles überleben könnt!

Es geht nicht darum, in die Welt hinauszuziehen und für euer Land zu sterben. Wißt ihr eigentlich, wie viele Menschen für ihr Land *starben?* Sie mußten nicht wirklich für ihr Land *sterben.* Sie starben für das Geschäft eines anderen, für die Machenschaften eines anderen und für den Wunsch eines anderen nach Kontrolle. Doch das ist es nicht. Es geht darum das anzusprechen, was in der Welt real ist und was eine wahrhaft freie Person wirklich ausmacht. Ihr könnt sagen: "Ja, ich bin frei. Ich habe ein *sehr* großes Sparguthaben." Ist das eure heutige Bezeichnung? Sparguthaben. Ihr vergrabt es heutzutage nicht mehr? Ihr bewahrt es auf der Bank auf - ganz gewiß ein sehr sicherer Ort!

Werdet fett und legt euch zu einer tollen Frau

So, all das habt ihr also? Wenn ihr alten Soldaten nicht länger in den Krieg ziehen wollt, habt ihr eine nette Rente und ihr könnt dann fett und träge werden und euch zu einer tollen Frau legen. Keine Rechnungen. Ihr könnt fast alles tun, was ihr tun wollt. Ihr denkt, das heiße, souverän zu sein? Vollkommene Souveränität bedeutet aber, ganz und gar zu besitzen, was ihr habt, es euer eigen nennen zu können und von niemandem abhängig zu sein, von niemandem besessen zu werden. Früher pflegten die Menschen so zu leben, und nicht allzu weit entfernt in eurer unmittelbaren Zukunft werdet ihr wieder so leben.

Und ich sehe, wie ihr mit diesem Wissen ringt und damit, was es für eure Bequemlichkeit bedeutet, für die ihr euer Leben lang so hart gearbeitet habt. Ihr müßt folgendes wissen: Eure Regierung betrügt euch, denn sie wird von *außerhalb* der Regierung besessen. Und ich weiß, welche Schmerzen euch das bereitet. Ich bin nicht gekommen, um euch zu verletzen. Aber vielleicht werdet ihr euch durch den Schmerz erheben und für euer Leben die richtigen Entscheidungen treffen, für euer Wohlbefinden und für euer Überdauern. Dies wünsche ich euch.

Nun, das Wichtigste, was ihr zusätzlich zu den wenigen Boten, der Vision und den manifestierten Feuerschiffen aus diesem Buch entnehmen sollt, ist die Information. Ich kam, um euch den Zustand der Welt zu verdeutlichen und euch einen Blick darauf werfen zu lassen und um euch von dem "Warum" zu berichten, das hinter diesem Zustand steckt. Damit ihr, wenn diese Dinge geschehen, nicht GOTT oder der Erde die Schuld dafür gebt. Und wenn dann der Sturm aufzieht und die Erde sich öffnet, dann fühlt euch nicht als Opfer. Denn wenn ihr das Opfer von irgend etwas geworden seid, dann nur durch euren eigenen Aberglauben und eure eigene Ignoranz.

Geistige Wahrheit gehört nicht nur einem Häufchen unsichtbarer Wesenheiten, und sie existiert nicht nur in einigen bizarren Praktiken. Geistige Wahrheit ist in allem. Die geistige Wahrheit von der Art und Weise, wie man lebt zu trennen, ist scheinheilig. Und diejenigen, die in Scheinheiligkeit leben, leben in der Dualität. Und diejenigen, die in der Dualität leben, wiederholen diese Dualität Leben für Leben. Und am Ende halten sie das Leben eher für eine langweilige Erfahrung, aber sie durchleben es abermals und abermals, immer wieder.

Wenn ihr den Mut besitzt voranzuschreiten, werde ich der Wind in eurem Rücken sein

Das letzte, was ich euch in diesem ersten Teil des Buches sagen will, ist, daß ich euch nicht verlassen werde, auch nicht im Unsichtbaren. Denn ich bin hier ein großer Trompeter der Wahrheit und mit dem, was ich zu sagen habe, stehe ich ziemlich allein da; denn ich helfe euch durch all dies hindurch, in jedem Augenblick, da es sich manifestiert. Und ich weiß, wer faulen Zauber veranstaltet und wer nicht. Und wer immer von euch aufsteht, sei es nun durch ein subtiles Erwachen des Geistes oder durch das Erlangen der vollen Erkenntnis innerhalb eines Augenblicks, wenn ihr den Mut besitzt voranzuschreiten, dann werde ich der Wind in eurem Rücken sein. Das verspreche ich euch. Denn ich habe nicht für das Erscheinen dieses Buches gesorgt, um euch nur Informationen zu geben und euch dann auf dem Trockenen sitzen zu lassen. Denn es gibt einen Grund für diesen Wahnsinn, und der besteht darin, euch durch all diese Zeiten hindurchzuhelfen. Aber ich werde jenen nicht helfen, die sich weigern, sich selbst zu helfen.

Es gibt eine große Kraft, die euch begleitet. Und eines Tages, wenn ihr aufschaut, werdet ihr erkennen, wie groß sie wirklich ist. Und vielleicht könnt ihr an dem Tag, an dem ihr diese Größe erkennt, auch die wahre Größe in euch selbst erkennen. Und wenn ihr fragt: "War ich all das wert?", dann werde ich euch sogleich antworten: "Ja, das wart ihr!" Oh, ich liebe euch. Ich beabsichtige keineswegs euch zu verlassen. Ich führe euch nicht in irgendeinen salzigen Sumpf und fordere euch dann auf: "Schlagt hier ein Lager auf und grabt euch ein." Das war jemand anderes.

Ich sage: "Geht an einen sicheren Ort, fühlt euch dort sicher und tut diese Dinge, wenn ihr wählt, denn es werden noch größere Dinge geschehen." Ich werde die ganze Zeit hindurch bei euch sein. Auch wenn ihr diese Worte zu Ende gelesen habt, werde ich an eurer Seite sein, in euren Gedanken. Und ich werde in dem größten aller Gedanken bei euch sein - in eurem Schlummer, wo ich euch Dinge über euch selbst zeigen und euch helfen werde sie zu verstehen, heute Nacht und in anderen Nächten, wenn ihr schlummert. Und das sind keine schrecklichen Dinge, es sind großartige Dinge.

Nun, wenn ihr dieses Buch nachher wieder zur Hand nehmt, werden wir einige sehr interessante, die Erde betreffende Wahrheiten ansprechen. Einiges davon habt ihr schon einmal gelesen, anderes habt ihr noch nie gedruckt gesehen. Und ich wage zu sagen, daß ihr aus den Informationen, die noch kommen werden, einige Erkenntnisse ziehen werdet.

Und nun würde ich euch vorschlagen, jetzt mit Lesen aufzuhören, etwas Nahrung zu euch zu nehmen und euch an diesem Punkt der Aufnahme von Wissen etwas Ruhe zu gönnen. Und weiterhin möchte ich euch vorschlagen, das Ganze mit großer Freude zu tun, während ihr über die neuen Informationen, die ihr erhalten habt, nachdenkt. Ordnet sie in euer persönliches Speichersystem ein, in euren Verstand, aber nehmt sie euch vor allem zu Herzen und erlaubt euch zu fühlen. Wenn ihr ärgerlich seid, dann fragt euch, warum. Wenn ihr Angst habt, dann fragt euch, warum ihr die Angst wählt. Und wenn eure Ideen an die Oberfläche zu sprudeln beginnen, dann nehmt sie an, umfaßt sie; wir werden diese Ideen dann gemeinsam manifestieren und sie zu manifestiertem Schicksal machen. Abgemacht?

TEIL II

Der Walzer geht weiter

LASST MICH JENEN VON EUCH, die sich ausruhten, bevor sie an diesen Punkt kamen, erklären, was sie im Schlaf möglicherweise erlebt haben. Viele von euch wurden im Schlaf aufgefordert, sich das, was sie träumen, genauer anzuschauen. Und einigen von euch wurde es ermöglicht, einen Blick aus dem Fenster zu werfen und Dinge zu schauen. Und diese Visionen, die sich vor euren Augen abspielten, sind wichtige Dinge aus eurem Leben, und sie werden eintreffen. Es kann jedoch sein, daß ihr euch nicht mehr an sie erinnert. Und das ist in Ordnung, denn in die Zukunft zu schauen und etwas zu erkennen, ist oft mit heftigen Emotionen verbunden. Und wenn die Emotion sehr stark ist, dann vergeßt ihr sie wahrscheinlich, wenn ihr erwacht; doch sie ist trotzdem vorhanden, dicht unter der Oberfläche. Kratzt nur suchend an der Oberfläche, und sie kehrt in euer Bewußtsein zurück.

Die träge Verhalten gegenüber der Unterdrückung

Die Elemente eures Wirtschafts- und Sozialsystems sind euch hier außerordentlich exakt gezeigt worden, und ich stelle mit Bestürzung fest, daß in vielen von euch ein "akzeptierter Entschluß" vorhanden ist. Viele von euch sind schlicht und einfach bereit, das zu akzeptieren, was das "wirkliche" Leben euch beschert. Und das, liebe Leser, ist ganz klar eine träge Haltung gegenüber der Unterdrückung.

Ihr wißt, daß es in diesem eurem Land Individuen gibt, die immer bereit sind, die Last, die ihnen aufgebürdet wird, zu tragen, und die niemals fragen, warum sie so beladen werden. In der Tat, solche Individuen gibt es auf der ganzen Welt, aber am nächsten stehen euch diejenigen in eurem Lande. Und davon gibt es eine ganze Menge. Sie fragen nicht: "Warum befinde ich mich in dieser Lage?" Sie fragen nicht: "Warum sollte ich dies als meine Situation zulassen?" - "Warum sollte ich gefangen und durch ein System in Ketten gelegt sein, das nicht zu meinem Besten wirkt?" Sie fragen einfach nicht. Warum nicht? Weil sie nicht wissen wollen; denn sie befürchten, daß sie aufstehen und "nein!" sagen müßten, wenn sie es wüßten.

Ihr göttlichen, menschlichen Wesen, denkt einen Augenblick darüber nach. Sicherlich ist das, was man GOTT nennt, die ISTHEIT, für den Affenverstand* weder beweisbar noch widerlegbar. All dies spielt sich im großen Geiste GOTTES ab, und euer Geist (von engl.: mind, Anm. d. Übers.) ist das genaue göttliche Ebenbild des Geistes GOTTES, des Ewigen Geistes, der ISTHEIT, des ALLES-IN-ALLEM, der niemals endenden Ewigkeit - ihr seid das alles; es kommt alles aus dem gleichen Ursprung.

Das Geniale ist nicht das Bekannte, es ist das verwirklichte Unbekannte

Euer physischer Körper vermag großartige Dinge zu vollbringen. Ebenso ist euer Gehirn dazu in der Lage, größeres Wissen, höhere Gedankenfrequenzen, Geniales, zu empfangen. Jawohl, Geniales! Genial ist nicht das, was bereits bekannt ist, Genie bedeutet, Unbekanntes verwirklicht zu haben. Und das Geniale besteht für jeden von euch darin, die Öffnung des höheren Verstandes voranzutreiben. Ihr benutzt nur ein Drittel dessen, was ihr zur Verfügung habt.

---

*Anm. d. Übers.: Mit Affenverstand meint Ramtha das durch das veränderte Ego begrenzte Denken des Menschen, das nur zu einem geringen Bruchteil sich in Funktion befindende menschliche Gehirn.

Euer Leben ist eine Manifestation eurer Einstellungen

Nun, laßt uns nochmals zurückkehren und einen Blick auf die Göttlichkeit des menschlichen Wesens werfen. Wenn ihr bereitwillig gewählt habt, dem Ebenbild des Allmächtigen GOTTES nachzueifern, das heißt, wenn ihr so handelt, als wäret ihr bereits ein als Mensch manifestierter GOTT, dann stehen euch alle Werkzeuge zur Verfügung. Und das größte Werkzeug ist die Fähigkeit, Gedanken zu empfangen und diese Gedanken emotional zu ergreifen und sie in Kreativität, in Form umzusetzen. Denn Schicksal ist nichts anderes als Gedanken, die emotional aufgenommen wurden. Zusammengefaßt nennt man sie eure Einstellungen. Und daraus besteht euer Leben. Euer Leben ist eine Manifestation eurer Einstellungen.

Und doch gibt es da auch noch jene menschlichen Wesen, die in Lethargie hineinhypnotisiert wurden. Sie haben die Technologie als erschwinglich und als träge machend akzeptiert. Hier haben wir den göttlichen Menschen, der nicht mehr selbst denken kann, der das aufgegeben hat, was des Menschen unveräußerliches Recht ist. Das göttliche Recht zu denken und zu wählen ist das, was euch voneinander unterscheidet! Deshalb seid ihr göttlich! Ihr besitzt die Fähigkeit, unbegrenzte Gedanken zu haben und sie anwendbar zu machen. Ihr könnt sie in die Tat umsetzen!

Ihr seid GOTTES göttlicher Zweck. Ihr seid Fleisch und Blut, vollkommen und geliebt ohne ein Werturteil, und in vollkommener Gnade wird euch euer Image erlaubt - die Erschaffung eures Selbst in Fleisch und Blut, damit ihr euer größeres Selbst erforschen könnt; das ist alles. Und euch wird erlaubt, zu zeigen, was ihr seid, und zwar nicht nur in einem Gedankenprozeß, sondern in einem Lebensprozeß. Wozu ist es gut, etwas nur zu denken, wenn man es doch erleben kann? Wenn es nicht gelebt wird, bedeutet es nichts. Es existiert nicht; es ist nur Gedanke ohne Form. Und wenn ich das gesellschaftliche Bewußtsein im menschlichen Drama betrachte, dann sehe ich Wesenheiten mit befähigtem Verstand, mit tüchtigen Körpern, und sie sind doch wie Blutegel. Sie leben von anderen. Und dabei wären sie fähig, Individuen zu sein, wenn sie es wünschten. Und ich sehe, wie sie erwarten, daß die ganze Welt für sie sorgt, weil sie den Anschein erwecken, unfähig zu sein.

Ich sehe jene, die sich dieser Menschen annehmen, und in Barmherzigkeit und Liebe für sie sorgen. Das ist in *für immer und ewig* eine Tugend, jawohl. Aber wenn ihr derjenige seid, der von den Früchten der harten Arbeit eines anderen lebt, obwohl ihr zum Genie fähig wäret, dann seid ihr in noch größeren Stumpfsinn verfallen. Ihr habt das Leben zurückgewiesen und müßt nun, für eure bloße Existenz versorgt und umsorgt werden.

Demokratie bringt Tyrannen hervor

Ich sehe das, was die Mittelschicht eures Landes genannt wird. Wußtet ihr, daß es ohne die Mittelschicht keine Republik gäbe? Eine Demokratie bringt Tyrannen hervor. In einer Republik ist das Volk die höchste Macht. Ich sehe, wie eure Mittelschicht den Idealismus dessen, was ihr eine Demokratie nennt, unterstützt. Ich sehe, wie eure Mittelschicht die Reichen und die Armen unterstützt. Ich sehe, wie eure Mittelschicht alles akzeptiert, was die Regierung ihr auferlegt, indem sie sich diese Last auf die Schultern lädt.

Es wird Empörung in Amerika aufkommen

In den USA wird Empörung aufkommen, wenn die Steuerabgaben erhöht werden. Jawohl, es wird sie geben! Es gibt nämlich immer noch ein paar empörte Individuen, die individuell genug sind, um zu erkennen, daß sie keine Belastungen dafür auf sich nehmen wollen, daß die Reichen durch ihre Investitionen noch reicher werden. Und es gibt immer noch einige empörte Individuen, die jene politische Bewegung durchschauen, die darauf besteht, für den Mob auf der Straße Sorge zu tragen, der gewählt hat, sich aus dem Lebenskampf zurückzuziehen; einige durchschauen die politische Klugheit dieser List.

Und einige von euch werden diese Versklavung aufgrund der Verschuldung durchschauen, jawohl! Das Volk glaubt, daß die Regierung das Geld druckt. Das tut sie nicht! Ihr unterstützt eine Verschuldung, die durch Manipulation mit guter Absicht hervorgerufen wurde, und ihr zahlt weiterhin etwas an jemanden zurück, der nicht einmal eurem Land angehört. Die Einstellung der Mittelschicht unterstützt dies, und das Ergebnis davon ist, daß ihr die Rettung für eine Demokratie seid, die die Reichen verehrt und den Mob unterstützt. Die Mittelschicht repräsentiert die absolute Gleichheit in einer Republik. Aber in eurer Demokratie sind sie die Lasttiere und ihr akzeptiert das. Weil ihr auch eure eigene Ignoranz akzeptiert habt. Ihr habt aufgegeben, jemals herauszufinden, was eigentlich schon immer eure Rechte waren! Ihr habt euch dem Glauben hingegeben, daß dies der Preis sei, den ihr für die Freiheit zahlen müßt. Das ist er nicht! Es ist der Preis, den ihr für eure Versklavung zahlt.

So schaue ich auf euch, auf GOTTES Herrlichkeit, und ich sehe euch vor eurer eigenen Fähigkeit zurückschrecken, die Freiheit der Gedanken und den Augenblick des Gefühls zu ergreifen, weil eure Gesellschaft so festgefahren ist und so bereitwillig alle Vorschriften akzeptiert, daß man euch an eurem Gesicht wiedererkennt, wenn ihr ein Denker seid. Und diejenigen, die um euch herum sind, haben die starke Tendenz, euch zu meiden und sogar zu verleumden. Man muß einen Preis dafür bezahlen, man selbst zu werden, aber es ist der einzige Weg zur Freiheit.

So beobachte ich also die noch nicht verwirklichten Götter in Fleisch und Blut. Und von diesem vorteilhaften Standort aus ist leicht zu erkennen, wie sich die Gauner, die Marktschreier, die Schurken und in der Tat die Grauen Männer ihres anfänglichen Zieles, ihres mit Inbrunst verfolgten Zieles, nämlich die Welt durch ein Geldsystem zu regieren und innerhalb dieses Prozesses der Mittelschicht das Rückgrat zu brechen, so sicher sein konnten. Denn solange es eine Mittelschicht gibt, solange besteht auch eure Demokratie und die Republik.

Um bei diesem Punkt zu bleiben, denn das ist wichtig: Eure bloße Existenz bedroht die Elite, und zwar durch die Kraft, die ihr ausüben könntet, und ganz besonders durch die Möglichkeit eurer Aufklärung. Und ich spreche nicht notwendigerweise über das, was in eurem sogenannten Schulsystem gelehrt wird. Ich spreche von geschichtlicher Aufklärung, und die Werke, die diese Informationen fördern, sind schon an vielen Orten leicht erhältlich, um euch verstehen zu helfen, was wirklich geschah. Damit ihr euch nicht länger mit dem zufrieden geben müßt, was euch gesagt wurde, was angeblich geschehen ist.

Euer Land ist in Wahrheit nur eine Illusion

Ich spreche hier speziell über Amerika, aber gleichzeitig betrifft das Gesagte alle Länder auf dem Antlitz dieser Erde.

Eure Regierung hat euch im Stich gelassen. Euer Land ist in Wahrheit nur eine Illusion, deren scheinbare Realität von der Verfassung und den Grundrechten aufrecht erhalten wird. Dies ist euer einziger Schutz gegen eine gänzlich versklavte Gesellschaft, der Unterhaltung geboten wird, der Bier - was zu meiner Zeit Met hieß - und Wein gegeben und der ihr Lohn bezahlt wird. All eure kleinen Bequemlichkeiten sind leicht erhältlich, darauf achten die Grauen Männer. Und so habt ihr euch einlullen lassen, und nun glaubt ihr, das sei das freie Leben.

Amerikas Regierung ist wirklich im Besitz der Geldleute, der internationalen Bankiers, sie ist von ihnen abhängig. Der letzte große König, der letzte amerikanische Präsident (Anm. d. Übers.: gemeint ist wieder Ronald Reagan) bemühte sich, Amerikas eigene Bank ins Leben zu rufen, die für die Regierung ein System bilden sollte, ihr eigenes, durch ihre eigenen Goldreserven gedecktes Geld zu drucken. Und Amerika hätte das tun können. Aber stattdessen habt ihr Leute, die auf dem Marktplatz herumschreien, daß sie ihre Investitionen verlieren, weil die Regierung nicht mitspielt. Dies ist eine aus Habsucht inszenierte und gegen die Mittelschicht gerichtete Täuschung und Verschwörung.

Dies bedeutet nicht, daß ihr nicht innerhalb der bestehenden Grenzen ein Land habt, das ihr eures nennen könnt, denn zur Zeit ist es noch so, daß ihr das Land, dem ihr angehört, euer Land nennen könnt. Und das heißt auch nicht, daß die Struktur einer demokratischen Republik nicht intakt wäre - sie ist intakt. Aber wenn die "Eine Weltregierung" und das Ideal der Grauen Männer mit vollen Druck vorangetrieben werden, und die Karte nach dem Zusammenbruch des Weltwährungssystems ausgegeben wird, dann werden eure Verfassung und eure Grundrechte so umstrukturiert werden, daß sie in die neue Weltordnung passen. Und die Freiheit, die ihr heute habt, wird der Vergangenheit angehören. So sieht der Plan aus. Was nicht notwendigerweise bedeutet, daß es auch so geschieht, aber das ist der Plan.

Das Leben beinhaltet mehr, als nur vor dem Fernseher zu sitzen und rührselige Fernsehserien anzuschauen; es beinhaltet mehr, als durch Unterhaltung in Unwissenheit hineinhypnotisiert zu werden. Es gibt Wissen, um euer eigenes Bewußtsein zu erforschen. Es gibt Verstehen, das euch dabei hilft, die Türen zu eurer *persönlichen* Erleuchtung und Befriedigung zu öffnen. Geistiger Friede kommt aus vollkommener Souveränität. Und ein Teil der Souveränität besteht darin zu wissen, was los ist, damit ihr euch, wenn ihr aus dem Fenster schaut, behaupten und eure Familie in Sicherheit bringen könnt.

Nicht alle, aber die meisten Amerikaner werden die fürchterliche Depression, die kommen wird, akzeptieren. Die meisten der jetzt schon hart bedrängten Arbeiter werden das kommende Schicksal annehmen. Und warum kommt es? Wer sagt, daß es Zeit für eine Inflation ist? Wer hat das letzte Wort? Es sind diejenigen, denen das Geld gehört. Und der amerikanischen Regierung wurde das Ultimatum gestellt.

Reagan wurde ein Ultimatum gestellt, und seine Naivität wurde dabei total zerstört. Erst am Ende seiner Regierungszeit erkannte er, wie wenig Spielraum zum Handeln er als Präsident eigentlich hatte. Erst am Schluß erkannte er die Grenzen seiner tatsächlichen Macht. Von dem Moment dieser Erkenntnis an versuchte er einfach, das Unvermeidbare zu verhindern; und als Ergebnis davon wurde er von der ganzen Welt verhöhnt. Ich möchte, daß ihr wißt, daß das mit Absicht geschah. Und ihr dachtet, diese Wesenheit handele unverantwortlich. Er kämpfte gegen einen inneren Terror. Er rang um das Bewußtsein von Rechtschaffenheit, denn er wollte das amerikanische Volk nicht betrügen, und dabei hatte er den Druck sämtlicher Financiers der Welt gegen sich. Und er hatte die ganze amerikanische Öffentlichkeit gegen sich, die ihm die Schuld dafür gab, nichts gegen die schreckliche Verschuldung, mit welcher sie belastet ist, unternommen zu haben.

Und das Ultimatum, das der amerikanischen Regierung gestellt wurde, lautete, daß kein Geld mehr gedruckt würde und daß die Wirtschaft, eure Möglichkeit Geld zu verdienen, geschwächt werden würde. Und die ungeheure Depression, die dem folgen würde, ist in gewissem Sinne nur ein anderer Teil des Spiels, das zum Zwecke der

Vergeltung gespielt wird. Mit anderen Worten: Sie erzeugen eine Depression, um das amerikanische Volk auf ihren nächsten Schritt zu dem größeren Weltziel vorzubereiten.

Wenn die Notenbank eines Landes kein Geld mehr druckt und die internationalen Banken ihm auch kein Geld mehr leihen, und wenn die ausländischen Investoren nicht mehr an der Wirtschaft partizipieren, gibt es eine massive Depression. Und was bringt eine Nation wieder aus einer Depression heraus? Ein Krieg, der für die Wirtschaft großartig ist, aber nicht für diejenigen, die darin kämpfen müssen. Aber er sorgt für Arbeitsplätze und es wird gesagt, daß er die Wirtschaft anrege. Oder vielleicht ist eine galoppierende Inflation eine Lösung. Oder ein neues Wirtschaftssystem; deshalb die Debet-Karte.

Nun, den Ausdruck "galoppierende Inflation" verstehe ich nicht ganz. Ich höre ihn hier und da, und was ich sehe, ist ein Übermaß an Papier. Ist das richtig definiert? Ja! Wie auch immer, jemand zieht an den Fäden und bildet das Wort dazu. Es ist nichts, was euch einfach so geschieht. Aufgrund der Lethargie der Menschen und ihrer absichtlichen Ignoranz ist dies etwas, was kommt und geht, und von dem ihr denkt, daß ihr euch dem anpassen, also mit den Gezeiten schwimmen müßt.

Nun, dies sollte euch aber nicht empören, und es sollte euch auch nicht peinlich sein, das alles nicht gewußt zu haben. Es sollte einfach etwas sein, was ihr lernt. In der Tat solltet ihr einen Schritt nach vorne gehen, um euch selbst zu ergründen und zu lernen, anstatt dauernd rührselige Fernsehserien zu sehen. Ihr solltet lesen, verstehen und vollständig erleuchtet werden. Und wenn ihr durch ein bestimmtes Vorurteil blockiert seid, könnte dieses Vorurteil zu eurem letztendlichen - nicht nur finanziellen - Untergang werden. Es könnte tatsächlich euer Überleben bedeuten.

Hier seid ihr also, Gottes großartiges, makelloses Volk. Ihr liebt, ihr seid barmherzig, ihr entwickelt euch, und ihr - die ihr die Wahl *habt* und das manifestierte Schicksal vervollständigt - ihr errichtet eine neue Tyrannei durch Ignoranz *und* Aberglauben. Und darüber möchte ich sprechen.

Erleuchtung hat mit Leben zu tun

ERLEUCHTUNG hat weder mit Kristallen oder "Channeling" noch mit irgendwelchem Hokus-Pokus zu tun. Erleuchtung hat mit Leben zu tun. Denn Leben *ist* ein göttliches Prinzip. Erleuchtung hat mit dem menschlichen Drama zu tun, damit, daß der Mensch eine *göttliche* Wesenheit ist. Und sie hat damit zu tun, den Mut zu haben, die Erfahrungen des Lebens in göttlichem Seelenfrieden, in freiem Geist und in vollständiger Freiheit zu machen. Es ist euch bestimmt, die Fähigkeit zur Erforschung größerer Konzepte zu haben, ungeahnte Möglichkeiten zu erdenken und in das unentdeckte Unbekannte einzudringen. Und warum habt ihr euch nicht gewandelt? Warum haben sich die Menschen nicht weiterentwickelt? Sie haben einen bequemen Bereich gefunden, der von ihrem veränderten Ego idealisiert wurde, und dort wurden sie von denen, die sie *verstehen* und die wissen, wie man sie versklavt, als Spielball benutzt und in ihrer Bequemlichkeit unterstützt.

Wann denkt ihr nach? Ständig dröhnt Musik auf euch ein. Der Fernseher läuft auch ohne Ende. Und ihr redet dauernd. Wann habt ihr die Möglichkeit, etwas Größeres zu umfassen als platte Unterhaltung? Die Stille ist eine noch zu erweckende Macht, und sie ist mächtiger als die Grauen Männer, in der Tat, mächtiger als versklavende Gesetze und Dogmen. Sie ist eine Macht, die Freiheit erzeugt, und zwar fortdauernde Freiheit. Wißt ihr, daß es keine Fortdauer gibt, wenn ihr keine Freiheit habt? Das ist eine große Wahrheit.

Hier steht nun die Mittelschicht - kämpfend, revoltierend und doch das *akzeptierend,* was kommen wird. Hier sind auch die unermeßlich Reichen, die diese Botschaft verachten, die jede Aktion verachten, außer der, die sie für die Mittelschicht vorprogrammiert haben. Letztlich könnte eigentlich alles, was euch aus der Lethargie herausführt, zu einer Bedrohung ihres Wohlstandes führen, wißt ihr das nicht?

In diesem Prozeß des Erwachens bitte ich euch, euch selbst aufmerksam zuzuhören. Und seid achtsam auf das, was ihr fühlt; denn was ihr fühlt, kommt, obwohl es einige Zeit lang unterdrückt war, aus einem geklärten Verstehen. Tapfere und mutige Wesenheiten werden in den kommenden Tagen erscheinen - und ich meine wörtlich Tage und nicht Jahre. Sie werden mit der Wahrheit an die Öffentlichkeit treten, und diese Wahrheit wird dem entsprechen, was ich gesagt habe. Sie wird dem entsprechen, was ich euch hier erzählt habe; die Geschichte davon, was wirklich geschehen wird. Und immer mehr Menschen werden die Möglichkeit haben, dieses Wissen von jemandem zu hören, auf den sie sich beziehen können, von jemandem, der wie sie ist. Und dann wird es nicht mehr Kult genannt werden. Und man wird es nicht mehr als gefährlich bezeichnen, es wird einfach eine Wahrheit genannt werden. Die Saat wächst schon, und sie wird aus Menschen aus dem Volk bestehen.

Es gibt viele, die sich Christen nennen, aber nur wenige, die es auch sind

Es würde mich nicht mehr als den Rest dieses Tages kosten, wenn ich euch die wenigen Individuen in religiösen Gemeinschaften aufzählen wollte, deren Liebe zu GOTT tiefer war als ihre Liebe zu Werkzeugen, Dogmen und Praktiken; und dennoch repräsentieren sie die Geistlichkeit, sie repräsentieren die geistlichen Würdenträger, und sie repräsentieren alle Religionen in der tiefgründigen Wahrheit von Güte und ewiger Barmherzigkeit; Individuen, die göttlichen Respekt vor dem menschlichen Wesen hatten und die das Leben in wahrhaft christlichem Sinne lebten. Wißt ihr, es gibt viele, die sich Christen nennen, aber nur wenige wahre Christen, die gearbeitet und der Menschheit geholfen haben, und zwar nicht nur aufgrund ihrer Religion - das hat damit nichts zu tun - sondern aus ihrem angeborenen göttlichen und großen inneren Sein heraus, und weil sie ihre Brüder wahrhaft liebten.

Solche großen Individuen hat es während eurer gesamten Geschichte immer wieder vereinzelt gegeben. Und viele von ihnen wären gerne für euch gestorben, denn was war der Tod für sie anderes als eine Umwandlung? Sie hatten keine Angst vor dem Tod und hätten ihr Leben für jeden von euch hingegeben. Darin bestand ihre Größe, denn sie waren im Einklang mit ihrem Inneren, und sie waren wahrhaft vom Geist (von engl.: spirit, Anm. d. Übers.) geleitet, von dem Geist, von dem wir hier im Hinblick auf die kommenden Tage sprechen. Diese großartigen Menschen wurden weder durch ihr verändertes Ego kontrolliert noch durch ihre Vorurteile oder ihr eigenes Leben. Der Geist leitete sie.

Die Geistlichkeit und die Religionen sollten sich geehrt fühlen, daß es solche großartigen Menschen unter ihnen gab. Und einige gibt es auch heute noch. Aber die Religion hat dem Menschen gegenüber versagt. Die Wahrheit GOTTES und die höchste Wahrheit des innerlich verwirklichten CHRISTUS hat nicht versagt. Die Wahrheit GOTTES und die höchste Wahrheit des innerlich verwirklichten CHRISTUS werden niemals versagen.

Ich möchte euch erzählen, wem die Katholiken die Schuld an der schwarzen Pest im 14. Jahrhundert gaben. Die Katholiken verurteilten die Juden. Sie behaupteten, der Fluch, der über den Juden läge, hätte die Pest verursacht, und mit diesem Schlachtruf vollstreckten sie die Zerstörung eines Volkes. Ihr braucht immer jemanden, dem ihr die Schuld geben könnt, nicht wahr? Also wurden die Juden gefangen genommen und ermordet, ihr Besitz wurde beschlagnahmt, ihre Güter wurden konfisziert, und alles wurde dem siegreichen Königreich zurückgegeben. Und diese Handlungsweise wurde von der Religion unterstützt, ja das wurde sie.

Wußtet ihr, daß diese fundamentale große Religion, der Katholizismus, schon immer von dem wirtschaftlichen Zustand der Welt abhing? Wußtet ihr, daß sie ihre Gläubigen von Anfang an betrogen haben? Nicht alle, nicht alle, aber viele. Denn sie haben die Gläubigen dumm gehalten, sie fuhren fort, Männer von Frauen und Frauen von Männern abzusondern. Sie haben keine Gleichheit unter den menschlichen Wesen zugelassen. Sie trennten Menschen voneinander, sie brachten sie nicht zusammen. Ihre Praktiken sind Praktiken, die trennen anstatt in Liebe und Frieden zusammenzubringen.

Und ihr verbannt sogar heute noch jene, die an einer Seuche leiden, weil sie eine bestimmte sexuelle Vorliebe in diesem Leben gewählt haben. Dies im Namen GOTTES zu tun, ist unerhört! Denn wir alle sind GOTT, erschaffen aus der Essenz dieser ESSENZ. Und sogar jetzt würdet ihr diese Menschen am liebsten im Dunkeln lassen und Haß und Aberglauben fördern.

Euer Buch der Bücher ist bei der Übersetzung der Urschriften ins Lateinische verändert worden, um das Dogma der herrschenden Kirche zu verstärken und zu unterstützen. Die Religionsoberhäupter haben eine Zuhörerschaft, die Millionen umfaßt. Warum reden sie nicht und erklären euch, was die Bestie wirklich bedeutet? Die Bestie ist kein Geist, so wie ich. Sie ist der wahre Feind, der sie unterstützt!

Aber ihre Gesichter bleiben abgewandt, sie reden nicht, denn die Luftwege stünden ihnen nicht mehr offen, wenn sie die Wahrheit sagten. Wenn sie ihren Gläubigen sagen würden: "Dies sind die Zeiten, die auf euch zukommen. Dies ist die Prophezeihung. Und bei dem Geiste, der sich in mir bewegt, das ist, so zu verstehen: Yeshua ben Joseph wird nicht durch die Luft geflogen kommen, um euch von der Drangsal zu erretten. Im Buch der Bücher war niemals von Verzückung die Rede - sie wurde nur erfunden." Aber das werden sie nicht sagen. Stattdessen geben sie ihr Wort als den einzigen Weg der Erlösung aus. Und wie sorgen sie dafür, daß dieses Wort die ganze Sache zusammenhält? Wie "besitzen" sie euch? Durch Aberglauben, durch Dämonen und Teufel, durch bösartige Menschen, die euch kreuzigen wollen und behaupten: "Ich tue das, *weil ich Deine Seele liebe.*"

Und so verhüllen sie die Wahrheit vor Millionen Menschen. Wie lautet die fortdauernde Wahrheit GOTTES? Endete sie tatsächlich vor 2000 Jahren, und wie genau wurde sie 200 Jahre nach diesem Ereignis aufgezeichnet? Oder meint ihr, daß Gott möglicherweise doch die Fähigkeit hat voranzuschreiten?

Es gibt Millionen Menschen, die jeden hassen und verachten, der nicht dasselbe glaubt wie sie. Und Millionen sind abergläubisch gegenüber allem, was außerhalb ihrer Gruppe und Religion liegt. Sie sind abergläubisch, was freies Denken anbelangt. Denn jemand anderes muß für sie denken, für sie leben und ihnen sagen, was sie tun sollen.

Und so werden die Botschafter der letzten Tage als Traumtänzer, Bestie oder Antichrist abgestempelt. Und ich weiß, daß sie versucht haben, mir diesen Stempel aufzudrücken, um euch daran zu hindern, die Wahrheit zu hören!

So wandten sich die Ohren ab, und die Wahrheit wurde nicht gehört, weil die Menschen in Angst und Aberglauben feststeckten. Und sie erwarten eine wirkliche Bestie, scheußlich und häßlich, mit zehn Hörnern, die aus dem Meer kommt und die Menschen verschlingt. So sehen sie das! Sie erwarten einen Teufel aus dem Inneren der Erde kommend, der die Leute mit einer Mistgabel herumjagt und sie in eine ewiglich brennende Grube hinein zusammentreibt. Und sie sind froh, daß dieser Dämon existiert, denn er ist ihr Botschafter der Vergeltung für jene, die nicht auf sie hören wollen: "Wenn Du nicht auf mich hörst, wirst Du in der Hölle schmoren." Richtig? Könnt ihr euch so etwas vorstellen?

Und es gibt Millionen, die nicht die geringste Ahnung davon haben, was kommen wird. Sie vermuten keine wirkliche Gefahr. Sie haben keine Ahnung, was die wahre Prophezeihung beinhaltet. Und sie werden in ihrer Unwissenheit gehalten, werden absichtlich abgelenkt, so daß sie ihre Zeit damit verbringen, sich über ihre eigenen Sünden und Niederträchtigkeiten Sorgen zu machen. Und wenn sie keinerlei Sünden begangen haben, dann werden welche für sie ersonnen, damit sie sich darum sorgen können. Es wird ihnen gesagt, wen sie zu fürchten haben. Ihnen wird gesagt, wer schlecht ist. Ihre Aufmerksamkeit wird auf alle möglichen anderen außer auf sie selbst gelenkt, und sie werden in einem Kreuzzug völliger Unwissenheit festgehalten.

Die Hauptreligionen haben ihre Anhänger betrogen, und einige ihrer Führer kennen die Wahrheit. Aber sie können es sich nicht leisten, etwas zu sagen. Ihr geistliches Amt hängt davon ab, die Angst draußen im Lande aufrechtzuerhalten. Ihr Wohlstand hängt von ihrem Amt ab genauso wie ihre Macht und ihre Führerschaft. Und in gewisser Weise sind sie nicht besser oder schlechter als jene, die sich über das Loch in der Stratosphäre aufregen, während sie weiterhin fossile Brennstoffe verbrennen.

Persönliche Bedürfnisse und persönliche Wahrheit sind Bestandteile der Herrlichkeit GOTTES, des Königreichs des Himmels, das sich in eurem Inneren befindet. Und es ist einfach eine Frage der Wahl. Das war schon immer so. Entweder ihr hört auf einen zarten Geist, eine Wahrheit, eine Stimme, ein Wissen, ein emotionales Empfinden, das ganz zaghaft aufzukommen beginnt, oder ihr mißachtet das alles und sucht nach jemandem, dessen Meinungen, Wahrheiten und Empfindungen ihr nachahmen könnt.

Die Überlebenden dessen, was kommen wird, haben den Instinkt eines Vogels im Wechsel der Jahreszeiten und das Verstehen von wilden Tieren, die wissen, wohin sie gehen müssen. Ist es nicht ein Kompliment, einen solchen Instinkt zu haben? Es ist das Größte, was überhaupt über das beginnende Verstehen des Überlebens gesagt werden kann.

Wesenheiten mit den verschiedensten religiösen Hintergründen sind auserwählt, denn sie haben gewählt, dem GOTT, der sie umgibt und der sich in ihrem Inneren bewegt, zuzuhören und auf ihn zu reagieren. Sie haben die Seelenstärke und den Mut, Prophezeihungen zu interpretieren, und sie sprechen eine Wahrheit aus. Sie arbeiten für die Erleuchtung. Und obwohl das, was sie aussagen, sich noch völlig innerhalb ihrer gewählten Glaubenssätze bewegt, ist es eine göttliche Interpretation, die im Zusammenhang mit dem, was ihr hier lest, wahr klingt.

Diese großartigen Menschen arbeiten nicht gegen euch - sie stehen auf eurer Seite, und sie sind ein Teil der wenigen Unbeugsamen Gottes, die ein großartigeres Ende erwartet.

Innerhalb der amerikanischen Regierung, die mit so vielen ausgeschiedenen Politikern gesegnet ist, wird es eine Handvoll geben - und ich spreche hier von einer menschlichen Handvoll - die, durch ihre Rechtschaffenheit und durch ihre innere Ausrichtung auf den Herrn und Gott ihres Seins, die Wahrheit laut und deutlich aussprechen werden.

Also sind die wenigen Unbeugsamen aus den Religionen ausgewählt, und auch die Regierung wird einige wenige beisteuern, und dann gehört natürlich ihr dazu - wenn ihr es wählt.

Und deshalb ist dieses Buch sehr wichtig, wie ihr seht. Denn die Wahrheit muß in der Mittelschicht verbreitet werden. Denn sie sind diejenigen, die sie hören müssen.

Unweigerlich wird das Joch der Steuerlast auf den Rücken der Mittelschicht geladen werden. Was wird nötig sein, um sie aus ihrer Lethargie aufzuwecken? Entweder ein machtvoller Bote, damit ihr ein für allemal begreift, oder die Tatsache, daß ihr eines Tages ganz unten aufwacht, obwohl ihr euch doch gerade noch ganz oben befunden habt. Segnet, was immer nötig ist, eure Verständnisfähigkeit zu erwecken. Die Wahrheit wird da sein, wenn ihr für sie bereit seid.

Und je mehr von euch die Wahrheit hören und ihren Ruf erkennen, um so bessere Möglichkeiten werden mehr und mehr Menschen haben, alles, was euch in den manifestierten Schicksalstagen bevorsteht, zu überleben. Der Mensch, der über diese Dinge lacht und meint, daß sie nicht existieren, ist ein Dummkopf. Er ist ein Dummkopf und wird als Dummkopf sterben. Und er fördert seine Oberflächlichkeit noch, wenn er nicht den Entschluß faßt, seine eigene Wahrheit herauszufinden. Tatsache ist, daß einige dieser Wahrheiten erst dann für euch wichtig werden, wenn ihr die Härte ihrer Realität selbst erfahrt.

Wenn all die in der bequemen Lethargie der Mittelschicht schlafenden Götter aufwachen würden, könnten sie eine eigene Republik bilden, denn es sind so viele. Sie wären zu zahlreich, als daß ein solcher Vormarsch aufgehalten werden könnte. Sie könnten den Politikern die Regierung aus den Händen nehmen und eine Republik wie zu Zeiten Solons* gründen, in der jede gebildete, erleuchtete Person mithalf, die Zusammenarbeit der Regierung zu garantieren, standhaft zur Wahrheit zu stehen, und das alles unter einer Verfassung und den unveräußerlichen Grundrechten, die jedem Menschen zu gedeihen und zu wachsen erlauben. Denn es ist offensichtlich: Was der einzelne ist, beeinflußt das Ganze.

Und wenn diese große Mittelschicht aufwachen würde, gäbe es niemals, ich betone, *niemals* eine nationale Verschuldung, denn ihre Volksregierung, die aus dem Volke hervorgegangene Republik hätte die Macht, eigene Banknoten herauszugeben, die durch ihre eigenen Waren und Bodenschätze gedeckt wären. Das Land könnte *ewig* überdauern, wenn sein Volk wie die süße Erde wäre, wie der Erdboden; denn dieser Erdboden wäre göttlich und lebenserhaltend. Alle Menschen könnten ohne Not und Schulden leben. Wenn man Zinsen schafft, schafft man auch Schulden, und das wäre nicht die richtige

*Anm. d. Übers.: Solon war ein Gesetzgeber und Staatsmann in Athen, etwa um 640 bis 559 v. Chr.

Basis für diese neue Regierung. Und es wäre wahrlich die erste wirkliche Republik. Solons *Traum* von einer Republik war das Ideal - es wurde aufgrund der Lethargie und der Ignoranz der Menschen jedoch nie verwirklicht.

Im Gegensatz zu dem, was ihr hier auf den ersten Blick vielleicht vermutet, bin ich kein Revolutionär. Ich bezeuge die Herrlichkeit und die Wahlmöglichkeiten, die latent in jedem Individuum auf dem Antlitz dieser Erde schlummern. Und es ist nicht so, daß ihr dies nicht wüßtet, denn ganz tief in eurem Inneren wißt ihr von all dem. Und es ist nicht so, daß jene, die dieses Buch nicht lesen, nicht auch auf irgendeiner Ebene die Wahrheit wüßten. Dieses große Amerika muß seine Jungfräulichkeit wiederherstellen, und die Menschen, die sich ihre Macht von den Machthabern zurückholen, würden die Reinheit des Geistes wiederherstellen. Und wir werden erleben, ob das geschieht oder nicht.

Die Propheten sind schon unter den Menschen

Die Propheten wurden aufgrund ihres Mutes ausgewählt. Sie fürchten keine Verbannung. Sie können reden, und sie sind schon unter den Menschen. Sie kommen aus jeder Lebensrichtung. Und wir werden sehen. Und wir werden sehen, ob die Menschen dieser Erde, und vor allem diejenigen aus Amerika, denn um sie geht es im Besonderen, wirklich so ignorant, hilflos und machtlos sind, wie die Grauen Männer es sich wünschen. So sei es!

Zurück zu den Grundlagen

NUN, LASST UNS AUF DIE persönlichen Bedürfnisse zu sprechen kommen. Ich weiß, ihr habt die Botschaft dieses Buches bereits vernommen, aber ich muß die Zögernden unter euch nochmals ansprechen. Ihr wißt schon, ob ihr dazu gehört. Ihr seid großartig, wenn es darum geht, darüber zu reden, was man tun müßte, um vorbereitet zu sein. Zum Mittagessen geht ihr in ein teures Restaurant und plaudert dort über die Vorbereitungen für die kommenden Tage. Aber ihr habt bisher überhaupt nichts getan! Wie kann ich eure Aufmerksamkeit an diesem Punkt gewinnen? Wie kann ich euch verständlich machen, wie dringend notwendig dies für euer Überleben ist? Die höchste Priorität eures Lebens sollte im Moment sein, euch Vorräte an Nahrungsmitteln zu beschaffen - das sollte die Nummer eins sein. Legt euch Lebensmittelvorräte an! Lebensmittel! Lebensmittel! LEBENSMITTEL! LEBENSMITTEL!

Nicht nur, daß ein Vorrat an Lebensmitteln eine Absicherung gegen eine schlechte Wirtschaftslage und deren Auswirkungen sein kann, sondern ihr stellt so auch sicher, daß ihr während der Veränderungen, die in der Natur geschehen werden, etwas zu essen habt. Nahrungsvorräte anzulegen ist deshalb das Wichtigste, weil ihr alles Gold in der Welt und alle Kleidung dieser Welt besitzen könnt - ja, ihr könnt sogar alles Silber dieser Welt und alle Kapitalanlagen dieser Welt besitzen, ihr könnt alle Kunstgegenstände, alle Diamanten, Smaragde, Rubine und sogar echte Gemälde euer eigen nennen, "aber ihr werdet sie nicht essen können." Und so sicher wie das Amen in der Kirche werdet ihr verhungern, und jemand anderes wird eure Kunstgegenstände beschlagnahmen und euch eure Juwelen fortnehmen und sie einsacken - und ihr wäret dann wahrscheinlich ärmer dran, als die, die Nahrungsmittelvorräte angelegt hatten!

Nahrungsmittelvorräte anlegen - ich weiß, ich weiß. Es stimmt, daß das keine besonders glorreiche Beschäftigung ist. Es ist etwas, worüber ihr in der Öffentlichkeit nicht gerne redet. Ihr wollt mit euren weltlichen Freunden nicht über Konservendosen und Weizenbevorratung sprechen. Aber hört her, ohne Nahrungsmittel wird all das, was ich euch bisher gelehrt habe, nichts wert sein. Ihr wäret gar nicht hier! Ihr müßt dieses Wissen anwenden und euch nicht wie ein Blutegel verhalten, der sagt: "Ich weiß alles! Ich habe das Buch gelesen", der aber dann nichts tut; denn sonst werden euch einige sehr schmerzhafte Tage bevorstehen.

Ganz gleich, von welcher Seite aus man die Sache betrachtet, es läuft immer wieder auf Nahrung hinaus. Über alle Hindernisse hinweg sollten all eure Prioritäten auf Nahrung gerichtet sein - Nahrungsmittel für zwei Jahre für euch und für jeden, für den ihr verantwortlich seid. Und hört her, wenn ihr Vorräte für zwei Jahre angelegt habt, dann lehnt euch nicht zurück und sagt: "So, das hätten wir!", während draußen noch Beeren an den Büschen reifen und Äpfel auf den Boden fallen und dort verrotten. Das hier ist keine Checkliste, die ihr abhaken könnt, wenn ihr für genau zwei Jahre Nahrungsmittel bevorratet habt, um dann zum Spielen hinaus zu gehen! Nutzt den Vorteil der euch gegebenen Gaben, insbesondere, wenn ihr in einem Gebiet lebt, das reich gesegnet ist. Es könnte sein, das es nicht immer so bleibt.

Nun, es gibt noch mehr über Nahrung zu sagen - hört noch nicht auf zu lesen! Samen. Legt Vorräte von Saatgut in luftdichten Behältern an. Lagert einfach alles, wovon ihr euch vorstellen könnt, daß es je gepflanzt werden könnte, selbst wenn es nicht in der Gegend beheimatet ist, in der ihr lebt; denn die Zeiten werden sich bestimmt ändern. Sind wir uns darüber einig? Denkt an die Dinge, die ihr bisher nicht berücksichtigt habt und lagert deren Samen.

Und kauft bei jeder möglichen Gelegenheit Bäume, und tut es geschwind. Und pflanzt bei jeder sich bietenden Gelegenheit Obstbäume, pflanzt sie überall um euch herum.

Nun ist genug über Nahrung gesagt. Das nächste, was ihr tun solltet, ist Gold- und Silbermünzen oder -barren zu kaufen, besser jedoch Münzen. Wenn Gold für euch nicht erschwinglich ist, kauft Silber. Das sind Sachwerte. Sie werden im Wert steigen. Kauft sie jetzt, während ihr sie euch noch leisten könnt.

Laßt uns über Besitz reden. Ich spreche nicht von Wohnhäusern in den Großstädten. Die Großstädte werden in den kommenden Tagen die gefährdetsten Aufenthaltsorte sein; selbst heutzutage sind sie nicht sicher.

Verlaßt die Großstädte. Kauft Land, das in der Nähe kleiner Städte liegt. Lebt jedoch auch nicht so weit außerhalb in den Bergen, daß euch niemand mehr finden kann. Kauft Land: Land, auf dem ihr Dinge anpflanzen könnt; Land, das euch nicht nur euren Lebensunterhalt sichern, sondern in den kommenden Tagen auch Tauschhandel ermöglichen wird. Habt ihr verstanden?

Nun, warum sollte ich euch Stadtbewohnern raten, aus den Städten auszuziehen? Weil die Wasservorräte vergiftet sein werden, wenn die Erdveränderungen eintreten - es braucht nur einer der großen Reißverschlüsse aufzuplatzen, um das Grundwasser zu vergiften, und die unterirdischen Wasserleitungen werden beschädigt werden. Und die aufbrechenden Reißverschlüsse werden Atomreaktoren Schäden zufügen. Und dann wird es als natürliches Ergebnis der Wetterveränderungen Hungersnöte geben. Wo werdet ihr in den Großstädten Nahrung anbauen? Die Großstädte sind die gefährlichsten Aufenthaltsorte. Verlaßt sie.

Immer mehr erleuchtete Menschen werden sich aufs Land begeben, weit weg von den Hauptstädten. Viele werden aufs Land ziehen, weil sie dieses Buch gelesen haben, aber noch mehr, weil sie fühlen, daß es sie dorthin zieht. Wenn ihr euer Land erworben habt, habt ihr die nächste Vorsichtsmaßnahme ergriffen, euch selbst zu erhalten. Und mit gekauftem Land werdet ihr niemals Verluste machen, niemals. Und ihr werdet niemals Verluste machen, indem ihr euch so wirtschaftlich wie möglich ernährt. Auch mit Gold und Silber werdet ihr niemals Verluste machen. Es ist also nichts, womit ihr euren Wohlstand zerstört!

Nun laßt uns mal schauen, wie wir euch aus der Großstadt herausbekommen. Wenn ihr dort lebt und auch arbeitet, dann findet eine

Möglichkeit, euch in der Stadt nur einzumieten und bereitet euch darauf vor, Land außerhalb der Stadt zu kaufen; Land, das euch dann gehört. Man könnte es als Investition bezeichnen. Wenn ihr ein Haus in der Großstadt besitzt, dann rate ich euch, es hoch zu beleihen, aber achtet darauf, daß ihr im Rahmen dieser Hypothek geschützt seid. Stellt sicher, daß es eine Form von Hypothek ist, die es euch erlaubt, im Falle einer Naturkatastrophe fortzugehen, ohne daß sie hinterher an alles, was euch sonst noch gehört, herangehen können, keine unwiderrufliche Hypothek. Von der auf euer Haus in der Stadt aufgenommenen Hypothek könnt ihr es euch dann leisten, ein Grundstück auf dem Lande zu kaufen. Tut das.

Jetzt zum nächsten Punkt. Schaut euch um. Es ist leicht zu erkennen, was ihr als nächstes braucht. Wenn ihr keine Elektrizität hättet - wie würdet ihr überleben? Kauft euch Geräte und Werkzeuge und Dinge, die ihr manuell im Schweiße eures Angesichts verwenden könnt. Schaut euch zum Beispiel mal die Geräte an, mit denen ihr euren Körper in Form haltet. Ihr lehnt euch an vibrierende Bänder. Ihr lauft auf Tretmühlen (Anm. d. Übers.: gemeint sind Jogging-Laufbänder). Dann geht ihr ins Badezimmer, steckt den Stecker in die Dose und föhnt euer Haar trocken! Denkt darüber nach! Anstatt auf eurer Tretmühle herumzurennen, macht etwas Nützliches daraus.

Meister, handelt, als wenn es keine Elektrizität gäbe und richtet die Dinge so ein, daß ihr entsprechend leben könnt. Erinnert ihr euch an den Erfinder in einem fernen Land, der mit dem Licht der Sonne arbeitet? Nun, haltet einfach durch und werdet selbstversorgend, bis er seine Idee zu euch nach Hause bringen kann. Abgemacht?

Kauft all das, was ihr brauchen würdet, um euch "einzugraben" und euch über Wasser zu halten. Und was macht ihr, wenn ihr all diese Dinge getan habt? Nun, ihr könnt euch auf die Brust schlagen und sagen: "Komme, was da wolle, ich bin in der Tat darauf vorbereitet." Prima für euch! Denn es gibt nichts Größeres als den Frieden der Seele.

Kennt ihr den Preis, den es kostet, Schulden zu haben und sich zum Sklaven machen zu müssen, um sie zu begleichen? Es ist ein schrecklich hoher Preis. Der wahre Preis besteht noch nicht einmal in dem Geld, sondern in Streß, Sorgen und Angst. Werdet eure Schulden los. Ihr könnt wählen, weiterhin verschuldet zu sein, aber um eures persönlichen Wohlergehens willen solltet ihr die Last erleichtern. Denn souverän zu sein bedeutet, Frieden in der Seele zu haben. Und wie würde es sich anfühlen, sich eine Souveränität geschaffen zu haben, in der ihr, egal wie ihr es anschaut, nicht verlieren könnt, und durch die ihr auch für ein Vermächtnis für eure Familie gesorgt habt? Denn es ist nicht ratsam, in den kommenden Tagen verschuldet zu sein, denn dann würdet ihr, ob ihr nun wollt oder nicht, das Zeichen der Bestie - die Debet-Karte - bekommen.

Seelenfrieden - zu wissen, daß man nachts ruhig schlafen kann, zu wissen, daß man vorbereitet ist. Furcht, Angst und Streß entstehen aus dem Wissen, nicht vorbereitet zu sein. Und wenn das erfordert, euren enormen Appetit zu zügeln, dann tut es. Wenn ich von Appetit spreche, meine ich nicht das, was ihr eßt. Ich meine all die Dinge, von denen ihr glaubt, daß ihr ohne sie nicht auskommen könntet. Erkennt den Unterschied zwischen persönlichen Bedürfnissen und persönlichen Wünschen. Dieser Unterschied könnte euer Überleben bedeuten.

Und wenn ihr all das getan habt, und ihr habt immer noch ein Übermaß an Papiergeld, dann kauft noch mehr Land - Land! Bringt das Geld nicht auf die Bank zurück, kauft Land. Und wenn ihr genug Gold und Silber habt, das bis zum Jahre 2042 ausreicht, kauft Land, aber nicht in den Großstädten. Kauft stattdessen lieber Land in Gegenden, in denen man etwas anbauen kann.

Und wenn ihr dann immer noch Papiergeld übrig habt, helft euren Geschwistern, sich selbst zu helfen. Denn viele von euch haben großes Glück mit ihren Gaben, und viele andere müssen darum ringen. Viele von euch sind Tätige und der Hilfe wert, und einige von euch tun nichts, und sie sind es nicht wert, daß man ihnen hilft.

Wißt ihr, wenn ihr all eure Vorräte angelegt habt, wenn ihr euer Land gekauft, euer Werkzeug zusammengetragen und geholfen habt, wo ihr konntet, könnt ihr allem widerstehen - von der Natur bis hin zu den Grauen Männern. Ihr werdet die Debet-Karte dann nicht annehmen müssen. Ihr könnt sie zurückweisen. Ihr braucht sie dann nicht, um eure Schulden zu begleichen oder eure Familie zu unterhalten. Versteht ihr das denn nicht? Deshalb wollen sie, daß ihr euch verschuldet. Doch ihr könnt sie ablehnen und sagen: "Nein, ich will sie nicht annehmen. Denn ich brauche weder Kapital zu beschaffen noch zu kaufen oder zu verkaufen. Ich bin Selbstversorger."

Und jene von euch, die gerade dabei sind und sich bemühen, all diese Dinge zu erfüllen, ihr seid nicht ohne Hilfe. Und obgleich ihr nicht viele Dinge habt, werden Vorräte und Nahrung zu euch kommen. Es gibt eine Kraft, die euch helfen wird, aber ihr müßt eure eigene bewußte Wahrnehmung öffnen und tätig werden. Und zwar nicht, weil ihr euch zu Tode fürchtet, sondern weil das euer inneres Gefühl ist. Und weil es das ist, womit ihr im Einklang steht. Eure Bitten werden nicht unerhört bleiben, und euch wird geholfen werden, das versichere ich euch.

Und diejenigen unter euch, die eine Familie haben, und all dies nicht für wahr halten, ihr seid in einer sehr prekären Lage und ihr zieht eure Familie mithinein - ja, das tut ihr. Das Beste, was ihr tun könnt, ist, Nahrung aufzubewahren und eure Ersparnisse so gut wie möglich für diese Investitionen zu verwenden. In Kürze werden genügend Dinge geschehen, die die Menschen entweder veranlassen werden, zu revoltieren oder dynamische Änderungen in ihrem Leben vorzunehmen.

Und wenn es sich einfach nur um eure Beziehungen handelt und ihr euch weiterentwickelt habt und aus dem Herrn und Gott eures Seins heraus lebt, und jemand hält euch zurück, dann verlaßt diese Person! Schreitet voran - schreitet voran.

Banken! Erinnert ihr euch, daß ich euch erzählte, daß viele eurer Banken eure Debet-Karte schon haben? Fragt sie, ob das so ist. Und wenn es so ist, wäre es weise und klug, sie nur dann zu benutzen, wenn ihr nichts anderes habt, um Geld zu überweisen - Papiergeld. Kauft euer Gold *nicht* von Banken, denn dort seid ihr notiert.

Wenn ihr all diese Dinge tut, werdet ihr alle kommenden Tage überleben. Und ihr werdet in Würde, freier Entscheidung und, in der Tat, in Freiheit überleben. Und ihr werdet es ohne Kompromittierung eurer Intelligenz tun. Und ihr werdet überleben, ohne bezüglich eurer Wahrheit Kompromisse schließen oder sie sogar aufgeben oder verkaufen zu müssen. Ihr werdet einfach das wiedergewonnen haben, was ihr mit der industriellen Revolution verloren hattet. Und das ist *Souveränität*, wahre Souveränität.

Das Superbewußtsein erlangt ihr nicht, wenn ihr eurem eigenen Schwanz nachjagt

Wenn ihr das vollständige Verständnis für die Freiheit der Entscheidung zurückerlangt, findet ihr in die Evolution zurück. Ihr werdet fortschrittliche menschliche Wesen mit göttlichen Begabungen sein, die sich ein Schicksal manifestieren, das Superbewußtsein ermöglicht. Aber das Superbewußtsein erlangt niemand, der herumläuft, und seinem eigenen Schwanz nachjagt, indem er immer dieselben alten Probleme wälzt. Ihr werdet niemals zu einem grandiosen, gehobenen Geniestreich fähig sein, wenn euer gesamter Gedanken- und Emotionskörper damit beschäftigt ist, sich um Streß, Anstrengung und Schulden zu sorgen.

Ihr werdet niemals auch nur den Schimmer einer tiefgründigen Vision erhalten, solange eure gesamte Einstellung von einem Gefühl des Mangels geprägt ist. Ihr werdet niemals sehen, was am Himmel geschieht, wenn ihr den Kopf senkt und nur damit beschäftigt seid, euch über eine zerbrochene Liebesbeziehung zu grämen. Und ihr werdet nie die Großartigkeit dessen erkennen, was kommen wird, wenn ihr nur vor eurem Fernseher sitzt und euch nur illusionäre Probleme anschaut. Ihr versteht genau, was ich sage. Ich weiß es.

Wie wollt ihr eure großen Brüder zu Gesicht bekommen? Und sie werden kommen; einige sind schon hier. Und sie kennen euch. Wie wollt ihr sie sehen, wenn ihr niemals aufschaut? Und wie werdet ihr das "Telefon" klingeln hören, wenn ihr euch dauernd Musik in die Ohren dröhnen laßt? Woher wollt ihr wissen, daß dieser großartige Ton ihr Versuch ist, euch zu erreichen? Kennt ihr den Ton, der in eurem Ohr klingelt, den viele von euch manchmal hören und den noch mehr Menschen hören werden? Es sind eure großen Brüder, die vermelden: "Ich stelle mich auf dich ein. Bist du da?" Wie wollt ihr sie hören, wenn ihr immer mit etwas anderem beschäftigt seid? Denn der große Ton, den viele von euch hören werden, kommt nicht von gestörtem Gehör. Laßt euch das von niemandem erzählen.

Ich kann euch nicht zwingen, irgend etwas von dem zu tun, was ich euch hier erzähle. Und ich würde es auch nicht wollen. Aber ich würde mir wünschen, daß ihr mittels eures eigenen Willens die Wahrheit herausfindet und danach handelt. Wisset, daß ich an eurer Seite bin, denn ihr seid meine Brüder und Schwestern. Das seid ihr wirklich. Aber nur ihr könnt euren großen Willen in die Tat umsetzen. Und als euer ebenbürtiger Bruder kann ich euch nicht vorschreiben, was ihr tun müßt, und ich kann euch ganz gewiß nicht zwingen, es zu tun. Das ist ein Spiel für jemand anderen, eines, das ich nicht spielen werde.

In diesem Buch ist soviel Wissen enthalten, daß ihr geradewegs losgehen und die Räder der Manifestation in Bewegung setzen könntet. Es ist genug Wissen, um euch zu zeigen, daß es nichts zu fürchten gibt. Und wenn es euch an Mut fehlt, dann ist das vielleicht eure einzige Furcht. Und auch das ist eure Wahl. Es gibt nichts, was ihr nicht tun könnt, im Gegenteil, ihr könnt alles. Es liegt in eurer Wahl, wo ihr die Linie eurer Grenzen zieht.

Und wenn die Regierung alle Bauern ruiniert hat und ihr dann das ganze Land gehört, dann wird sie nur noch einen Haufen Staub besitzen

Und einige von euch werden das hier lesen, aber sie werden keinen Finger krümmen, um irgend etwas zu tun, weil ihr nicht glaubt, daß irgend etwas davon wirklich eintreten wird. Oh ja, ihr denkt, das ist eine tolle Geschichte, aber das ist auch schon alles. Eure Zeit läuft ab. Eure Wirtschaft ist jetzt schon unberechenbar. Und an einem Tag werden die Händler schreien, daß sie Gewinne gemacht haben, und am nächsten Tag werden sie das Doppelte verloren haben. Und was durch die Inflation wie eine beginnende Erleichterung aussehen wird, wird sich als die schlimmste Depression herausstellen, die die Menschen jemals erlebt haben. Und wenn die Regierung alle Bauern ruiniert und sie damit in den miserablen und unmenschlichen Zustand des Bankrotts getrieben hat, und wenn ihr dann das ganze Land gehört, dann wird sie nur noch einen Haufen Staub besitzen.

Eure Zeit läuft ab, aber auch das muß eurer freien Entscheidung überlassen bleiben. Nun, wenn ihr bei dem, was ihr hier gelesen habt, durchgedreht seid, und wenn ihr wegen des hier Gelesenen einen emotionalen Zusammenbruch erlitten habt, dann ist das eure Wahl.

Das alles geschieht nicht, weil ihr nicht geliebt werdet. Ihr werdet inniger geliebt, als ihr euch vorstellen könnt. Das Ganze ist einfach eine Frage der Wahl. Darüber habe ich gesprochen. Und wenn ihr sagt, daß eure finanziellen Mittel begrenzt sind, dann bittet den Herrn und Gott eures Seins, euch andere Mittel und Wege zu manifestieren, und es wird geschehen. Alles was ihr tun müßt, ist darum zu bitten.

Und wenn ihr auf alten Geleisen festgefahren seid, so deshalb, weil ihr es nie gelernt habt, eure Fehler weniger als Fehler denn als Lernerfahrungen zu betrachten. Denn solange ihr irgend etwas in eurem Leben einen Fehler nennt, werdet ihr diese Erfahrung immer wieder an euch heranziehen, solange bis ihr sie anschaut und sagt: "Was habe ich dabei gelernt?" Nur wenn ihr euch das Gelernte wirklich zu eigen macht, werdet ihr euch von dieser Erfahrung befreien können. Wenn sie euer eigen geworden ist, wird sie euch loslassen.

So. Wenn ihr trübsinnig in Selbstmitleid schwelgt und meint, dies "Programmierung" nennen zu müssen, wieviele Male habt ihr dasselbe Muster dann schon wiederholt? Und was solltet ihr daraus lernen? Daß Selbstmitleid nichts einbringt - es bringt nur den Tod. Aber Würde und Selbstachtung erneuern und regenerieren die Wahlmöglichkeit, die sich Leben nennt.

Fragt eure Pflanze: "Darf ich mir diese Tomate nehmen?"

Es stimmt, ihr wurdet verwöhnt. Kennt ihr dieses Wort "verwöhnt"? Es riecht. Denn ihr glaubt, ihr habt es so gut und so einfach gehabt. Lernt, wieder Tätige zu sein. Wie großartig ist es doch, ein Stück Erde zu nehmen und es umzugraben und die Feuchtigkeit an den Fingern zu spüren, während ihr das Land segnet. Und ihr besprenkelt es mit heiligem Wasser und segnet eure Samen und pflanzt sie ein. Und ihr beobachtet eure kleinen Lieblinge, wie sie sprießen! Was für ein großartiges Gefühl das ist! Und fragt eure Pflanze: "Darf ich mir diese Tomate nehmen?" Ihr nehmt sie nicht einfach von der Pflanze, ihr fragt sie! Und je mehr ihr sie fragt und bittet, um so glücklicher wird sie sein, euch zu erfreuen. Wenn ihr auf diese Weise gepflanzt und das Land geliebt habt, dann ist das ein großartiges Gefühl. Und es ist genauso kraftspendend wie befriedigend.

Und wenn ihr in der Großstadt lebt und wenn ihr keine Möglichkeit seht, irgend etwas von dem hier Gesagten zu tun, dann sucht euch wenigstens einen Ort, an dem ihr einen Garten anlegen könnt und tut es liebevoll. Und tragt die gewonnenen Nahrungsmittel nach Hause und lagert sie. Fangt einfach irgendwo an. Das vermittelt Würde statt Selbstmitleid. Es ist ein Beginn der Tätigkeit.

Und es gibt wirklich nichts Herrlicheres als eine Frau, die erkennt, daß sie nicht von einem Mann abhängig sein muß

Und es gibt wirklich nichts Herrlicheres als eine Frau, die erkennt, daß sie nicht von einem Mann abhängig sein muß. Im ganzen Universum gibt es nichts Herrlicheres, als eine Frau, die entdeckt, daß es nicht der Mann ist, durch den sie Erlösung erfährt.

Diese Feststellung soll Männer nicht herabwürdigen, glaubt das nicht, sondern sie soll euch alle eher dazu ermutigen, zu allem, was euch zurückhalten könnte, zu sagen: "Das ist nicht mehr länger meine Entschuldigung, ich bin ein eigenständiges Individuum. Ich werde diese Sache tun." So sei es.

Die wenigen Unbeugsamen Gottes

PERSÖNLICHES ÜBERLEBEN und die wenigen Unbeugsamen Gottes. Nun, diese Wahrheit wurde in die Zeit geschrieben - sie ist unweigerlich manifestierte Bestimmung. Und welche Ehre für euch, die ihr gelesen und nachgedacht und so dieses Wissen gewonnen und verdient habt. Glanzvolle Zeiten werden mit dem Superbewußtsein eintreten, sobald der Tanz vorbei ist. Und die geisterhaften Grauen Tänzer werden immer wilder; denn das Tempo hat sich beschleunigt, ihre Bewegungen werden von Tag zu Tag schneller. Wisset, daß sie mit dem Druck, den sie zur Beschleunigung des Erreichens ihrer Ziele einsetzen, auch das Superbewußtsein fördern. Denn das Superbewußtsein und die Herrlichkeit GOTTES und das Erscheinen der Heerscharen kommen, wenn der Freiraum zusammenbricht. Und der Freiraum ist die Wahlmöglichkeit.

Wenn es keine Wahlmöglichkeit mehr gibt, wenn es auf der ganzen Welt einfach so ist, wie es ist, sei es für Regierungen und Könige oder Monarchen und Aristokraten; wenn eure Fähigkeit auszuwählen, zusammenbricht - und darin besteht das Ziel der "Einen Weltordnung" - dann ist dies das Ende der Zeit. Denn Zeit war schon immer durch den Menschen und seine Ziele bedingt. Und das ist auch das Ende des Zeitalters der Tyrannen, das durch das veränderte Ego unterstützt wurde. Das veränderte Ego ist der Anti-Gott; das war es schon immer.

Und hört mir zu, es gibt niemanden, der dieses Buch liest und niemanden sonst irgendwo in der Bevölkerung, der das Aufbäumen der

Erde und ihre Heilung aufhalten könnte. Nicht einmal eine ganze Nation könnte ihrer Bewegung Einhalt gebieten. Wenn die Natur eingreifen und vermitteln muß, werden die Reißverschlüsse, auf denen viele der großen Bestien, die Computer, sitzen, auseinandergerissen werden. Und die Wetterbedingungen werden sich dramatisch verändern. Und was wird mit den großen Vulkanen, dem einen in Europa und dem anderen auf einer Insel und übrigens noch einem, der in Rußland brodelt? Wenn sie lebendig werden, hätte das den Effekt, den Sommer in einen Winter zu verwandeln. In welcher Form die Natur auch handeln wird, die Grauen Männer werden ihres letztendlichen Planes entledigt werden, und die Natur wird gewonnen haben.

Und ja, viele Menschen werden in diesen Situationen dahinscheiden. Das war immer so, wenn die Natur diese Richtung einschlug. Einst gab es eine große und herrliche Zeit in einem Ort genannt Pompeji. In Pompeji lebten damals die Aristokraten. Sie machten dort ihren Sommerurlaub - ihr nennt das heute Urlaub, ich nenne das Ferien - und zwar ohne Rücksicht darauf, daß sie in der Nähe eines Vulkans lebten. Es war ihnen wirklich egal, denn ihr Urlaub war ihnen wichtiger als dieser kochende Tiger, der dabei war, aus seinem Käfig auszubrechen. Er war lebendig und rauchte und rumpelte schon längere Zeit. Meint ihr, daß das ihren Aufenthalt an ihrem "richtigen" Urlaubsort verhinderte? Nicht im geringsten. Also warum sollte es etwas so Schreckliches gewesen sein, daß bei dem Vulkanausbruch in Pompeji so viele Menschen umkamen? Es war ja nicht so, daß sie es nicht gewußt hätten. Sie wußten es.

Folglich hatten sie es sich so ausgesucht; das war schon immer eine Sache der freien Entscheidung. Und auch in den USA gibt es nur sehr wenige Menschen, die nicht wissen, wo sie leben, oder worauf sie leben, um es genauer auszudrücken. Es gibt nicht sehr viele unter euch, die nicht erkennen, daß Veränderungen anstehen. Und gewaltsame Naturveränderungen werden immer den schwachen, schreienden, weinenden und unglücklichen Menschen beeinträchtigen. Aber er wurde nicht von der Natur betrogen, sondern von seiner eigenen Arroganz. Er wurde von seinem eigenen veränderten Ego und von seinem Image, das jede Veränderung zurückwies, betrogen.

Also wird die Natur gewaltsame Schritte unternehmen, und sie wird sich bewegen, um die Möglichkeit der Erreichung des Ziels der

Grauen Männer, nämlich die "Eine Weltregierung" zu erschaffen, zu verhindern.

Eines kann ich euch verraten: Wenn die Nahrungsmittel knapp werden und die Menschen revoltieren, werden all die Leute, die bis dahin ihren Mund gehalten haben, zu schreien anfangen, und sie werden es alles aussprechen. Und sie werden mit Fingern zeigen, und die Wahrheit wird für die ganze Welt herausgelassen werden. Und sogar darin wird das Superbewußtsein erwachen. Und wenn der Plan der Grauen Männer gelingt und der Freiraum zusammenbricht, werdet ihr eine Armada sehen, von der ihr dachtet, sie existiere nur im Märchen. Aber es gibt sie wirklich.

Könnt ihr euch eine Welt ohne verändertes Ego vorstellen? Denn wenn das veränderte Ego von dem GOTT im Inneren aufgenommen wurde, wird das, was tief im Image schläft, erwachen, und ihr werdet wieder anfangen, euch vorwärtsdrängend in die Evolution hineinzubewegen. Warum könnt ihr nicht länger hier leben? Warum könnt ihr den Alterungsprozeß nicht aufhalten? Und warum könnt ihr eure Krankheiten nicht heilen? Weil all diese Dinge Produkte des veränderten Egos sind, einer gemeinsamen Einstellung.

Was ihr denkt, das seid ihr. Nun, hört mir einen Augenblick lang zu. Ich habe beobachtet, wie ihr versucht habt, den Gedanken zu verändern, der der höhere ist, indem ihr den niedrigeren beschwörtet. Mit anderen Worten, ich habe beobachtet, wie ihr dasitzt und euch streßt und abmüht und schwitzt und denkt, bis ihr rot anlauft. Und ihr gelangt nirgendwohin. Ihr versucht, ins Unbekannte zu reisen, über euren Körper hinauszukommen, weit hinein in das, was ihr andere Dimensionen nennt. Ich habe zugeschaut, wie ihr versuchtet, den Körper durch eine höhere Frequenz hindurch zu bewegen, anstatt den Prozeß umzukehren. Und wenn ihr dasitzt und schwitzt und nirgendwo hingelangt, erschafft ihr nur eine Phantasie, um euer Gesicht zu wahren!

Ihr könnt den Gedanken nicht durch die Materie verändern, ihr müßt den Gedanken selbst verändern

Ich habe gesehen, wie ihr euch bemüht habt, den Körper zu heilen, indem ihr bei der Materie angefangen habt anstatt bei dem Gedanken, der sie erschuf und kontrolliert - bei der Einstellung. Ich habe beobachtet, wie ihr euch bemühtet, ein Problem der Einstellung zu lösen, indem ihr bewußt etwas für das Fleisch getan habt anstatt für die Einstellung. Ihr könnt den Gedanken nicht durch die Materie verändern. Der Gedanke selbst muß geändert werden. Nur so wird die Materie verändert, verwandelt und beschleunigt.

Wie immer die genaue, manifestierte Bestimmung hier aussehen wird, welches Phänomen auch immer zuerst auftreten wird, alles wird auf eurer kollektiven Einstellung beruhen; sie ist es, die euer Morgen erschafft. Eure gesamte persönliche Wirklichkeit dreht sich um den Kern, der freie Entscheidung heißt. Wofür werdet ihr euch entscheiden? Werdet ihr Selbstmitleid wählen? Werdet ihr euch für Schmerz entscheiden? Werdet ihr Ablehnung wählen? Werdet ihr euch eher für das Opferdasein als für die Meisterschaft entscheiden? Alles, was ihr denkt, das ihr seid, das seid ihr auch! Und alles, was ihr seid, ist die manifestierte Bestimmung, die die Materie durchfließt. Das nennt man Leben. Und in diesem Leben gebt ihr euch selbst genau die Möglichkeiten, die durch eure Einstellungen geschaffen werden, durch diesen Kern, dieses Kontrollzentrum.

Der kosmische Leim und das Atom

Alles ist geronnener Gedanke. Jedes Objekt ist aus einem gedankenvollen Entwurf erschaffen worden. Glaubt ihr, die grobe Materie stammt aus dem Raum? Was glaubt ihr, woraus das Leben entstand? Was gibt den Atomen den kosmischen Leim? Und was hält die grobe Materie zusammen; warum bleiben diese kleinen Zellen zusammen? Der Gedanke, der sie erschuf - alles wird von dem Gedanken zusammengehalten; er gibt ihnen materielle Substanz.

Betrachtet einmal das manifestierte Schicksal. Ihr werdet euer Schicksal nicht ändern, indem ihr euren Körper verändert. Ihr müßt euer Schicksal durch die Einstellung, mit der ihr eure Wirklichkeit wahrnehmt, verändern. Mit diesem Fleisch und Blut könnt ihr nicht auf den Mond; nur der Geist (von engl.: spirit, Anm. d. Übers.) kann das Unbekannte betreten. Also wie wollt ihr dieses Übergepäck mitschleppen? Indem ihr aufhört, durch den Körper erleuchtet werden zu wollen, und euch stattdessen durch den Geist - das Selbst, die Wissendheit - durch den unbegrenzten Prozeß, den man Gott nennt, erleuchten zu lassen.

Ihr seid, was ihr denkt, das ihr seid. Das habt ihr schon immer geahnt.

Hört mir zu: Je mehr ihr wißt, um so mehr Erkenntnis gewinnt ihr. Und je mehr Bewußtheit ihr habt, um so stärker wird das Gehirn gedrängt, sich durch die Hypophyse zu öffnen. Warum bleibt diese kleine Masse verschlossen? Warum funktioniert euer Gehirn nur mit einem Drittel seines Potentials? Wo sind die anderen zwei Drittel? Wo ist das Genie? Euer Leben besteht aus den Gefühlen, die ihr emotional ausdrückt. Und euer Wachsen und Gedeihen hat sich nur insoweit in eurem Schicksal manifestiert, wie es der Wahrnehmung eurer Intelligenz entspricht. Und Intelligenz hat nichts mit Schulbildung zu tun; sie beruht auf dem Wunsch, wissen zu wollen. Angeborener, gesunder Menschenverstand ist eine der größten Gaben, die ihr besitzt - ein Hunger. Der Hunger nach Wissen. Und das Verlangen danach ist da. Es kommt durch das Zentrum eurer Wirklichkeit; es ist der Wunsch zu wissen, daß ihr das seid, was ihr denkt, das ihr seid. Das habt ihr schon immer geahnt. Ich bestätige nur eure Ahnungen.

Durch die Dichte erreicht ihr nicht den Großen Gedanken

Im Superbewußtsein, das kommen wird, gibt es eine nützliche Erkenntnis, die besagt, daß im Brennpunkt eures Lebens ihr diejenigen seid, die alles kontrollieren. Im Superbewußtsein werdet ihr verstehen, daß der Geist nicht von der Materie verändert wird; die Materie wird entsprechend der Wahl der Einstellung umgewandelt. Deshalb nützen euch all die Dinge, mit denen ich euch euch abmühen sehe, gar nichts. Ihr könnt all das Kristallzeug tragen, das ihr wollt. Ihr könnt ewig in die

Kristallkugeln starren. Ihr könnt tausend Tassen eines speziellen Kräutertees trinken. Und ihr könnt alles Tofu der Welt essen. Das wird den Geist, das Ego, nicht verändern. Das ist alles nur ein Spiel. Durch die Dichte erreicht ihr den Großen Gedanken nicht; vielmehr erschafft ihr die Dichte durch den Großen Gedanken.

Ihr werdet nicht euren Körper nehmen und mit ihm aufsteigen, einfach weil das modern ist. Tatsache ist, das ihr bestimmt sterben werdet, wenn das Aufsteigen euer Ziel ist. Denn aufsteigen zu wollen ist die Sehnsucht nach dem Tode, und das bedeutet durch die Materie zu wirken, nicht durch den Geist. Im Geist liegt ewiges Leben. Und für den Körper gibt es nur dann ewiges Leben, wenn man erkennt, was das Leben erschafft - ihr!

Was glaubt ihr, was mit der Aussage “das Königreich des Himmels ist in euch” gemeint ist? Was meint ihr, was das bedeutet? Es bedeutet, daß euch durch die Gnade des GOTTES in euch alle Dinge möglich sind. Jawohl! Und ihr habt die Fähigkeit, sie in eurem Körper geschehen zu lassen. Ihr habt die Fähigkeit, einer großen Vorstellung zu erlauben, sich zu manifestieren, und sie wartet darauf. Sie wartet schon seit Jahrhunderten auf euch.

Ihr könntet tausend Jahre in großer Freude leben. Ohne ein verändertes Ego könntet ihr Langlebigkeit und das große Konzept des Superbewußtseins haben. Indem das Superbewußtsein euren Geist in genau diesem Augenblick hält, ist euer Körper, wenn ihr so wollt, an die Fähigkeit angeschlossen, seine physische Schwingung zu erhöhen, um sich durch eine Veränderung der Schwingungsfrequenz in einen anderen Bereich bewegen zu können. Das kann durch den Geist befohlen werden, durch das ICH BIN, durch das Ego, das GOTT genannt wird.

Superbewußtsein hat nichts damit zu tun, was ihr eßt

Superbewußtsein. Das hat nichts damit zu tun, was ihr eßt. Es hat auch nichts damit zu tun, wie ihr euch kleidet. Es hat etwas damit zu tun, was ihr *seid.* Wenn das veränderte Ego intakt ist und herrscht, dann ist es der Gefängniswärter, der Wächter, der die natürliche Ausweitung des GOTTES im Inneren verhindert. Das veränderte Ego ist der Gefängniswärter - und es wird durch Äußerlichkeiten und durch das Image genährt. Und es muß sein eigenes Image um sich herum gespiegelt sehen, um unterstützt zu werden. Das veränderte Ego hindert den GOTT im Inneren, sich auszudrücken; deshalb wird es der Antichrist genannt.

Das veränderte Ego verhindert ebenfalls, daß Wissen zur Seele gelangt, damit sie sich daran weiterentwickeln kann. Warum behaltet ihr nichts von dem, was ihr gelesen habt, im Gedächtnis? Weil euer verändertes Ego nicht will, daß ihr euch daran erinnert, das ist der Grund. Dieser Walzer der Grauen Männer repräsentiert das Ideal des veränderten Ego. Und wenn ihre letzte Stunde geschlagen hat, wird auch dieses Bewußtsein ein Ende haben. Und dann wird das Superbewußtsein beginnen. Warum wird es Superbewußtsein genannt? Warum wird es das manifestierte Königreich des Himmels genannt? Weil der ganze Bereich eures physischen Körpers lebendig werden wird, wenn ihr das veränderte Ego als eine Lernerfahrung und nicht als einen Fehler ansehen und es erlösen könnt. Lebendig! Und der Weg, das veränderte Ego zu erlösen, führt über den GOTT in euch, die Macht, die in euch wirkt und die euch gewähren läßt. Wenn ihr das veränderte Ego umarmt und es liebt, wenn ihr von ihm lernt und es losläßt, dann könnt ihr wirklich leben.

Dann beginnt sich das Gehirn zu öffnen, weil neue Gedanken hineindrängen. Was gibt es sonst noch zu denken, wenn ihr euch nicht mehr damit beschäftigen müßt, mit anderen zu konkurrieren, andere zu untergraben, andere zu richten oder Groll und Intoleranz für andere zu empfinden? Was bleibt dann übrig? Ihr könnt euch besinnen und das Unbekannte werden, die Welt. Ihr könnt Freude und Liebe ausdrücken. Und ihr könnt in einem Frieden leben, der alles Verstehen übersteigt. Denn das veränderte Ego hält euch Groll, Unsicherheit, das Gefühl der Wertlosigkeit und die Angst immer vor Augen. Wenn das alles nicht mehr besteht, öffnet sich das Gehirn und das Ego, der GOTT im Inneren, ja, der Herr und Gott eures Seins, wird mit großer Vitalität lebendig. Und diese Essenz, dieser Kern eures Universums besitzt das ganze Universum, und dieser Kern *wächst,* euer Leben wächst, eure Bewußtheit wächst, euer Gehirn öffnet sich. Ihr erfahrt und umfaßt größere

Gedanken, größeres Wissen, den Prozeß des Abenteuers, der *grenzenlos* ist.

In dem Augenblick, da sich das siebente Siegel öffnet, wird es keine Todeshormone mehr geben

Und in dem Augenblick, da das siebente Siegel die Hypophyse öffnet, wird es im Körper keine Todeshormone mehr geben. Zur Zeit hat jeder Todeshormone in seinem Körper. Sie existieren dort, seit Frauen zu menstruieren und Männer ihren Samen zu vergießen begannen. Als das eintrat, begannt ihr zu altern. Von der Hypophyse wird ein Todeshormon ausgeschüttet, und das ist für das Schrumpfen der Thymusdrüse verantwortlich, die sich in der Nähe der Herzkammern befindet. Diese Thymusdrüse ist das für die Langlebigkeit verantwortliche Organ im Körper. Auch ist sie das vierte Siegel. In der Kindheit ist sie so groß wie eine Birne. Im Erwachsenenalter ist sie nur noch so groß wie eine Erbse.

Und auch jetzt schrumpft die Thymusdrüse ständig. In dem Maße, wie sie schrumpft, verfällt der Körper. Und während sie schrumpft, ist der Körper anfällig für Krankheiten. Und wenn sie schließlich fast unsichtbar geworden ist, bricht der Körper physisch zusammen. Und es ist lediglich die Einstellung, die dies im Körper verursacht. Es ist eure bereitwillige Annahme von Einstellungen, die euer gesamtes Schicksal, eure Wirklichkeit und eure Umwelt bestimmen.

Wenn die Einstellung des veränderten Ego die Kontrolle nicht mehr innehat und das siebente Siegel sich öffnet und die Todeshormone beseitigt sind, gibt es ein anderes Hormon, das in den Körper ausgeschüttet wird, welches die Thymusdrüse aktiviert. Und durch das erneute Wachstum dieses großartigen Siegels werden sozusagen die Knöpfe der zellulären Materie gedrückt, die eine fortwährende und sofortige Verjüngung ermöglichen, und zwar immer und immer wieder.

Und warum solltet ihr euch wünschen, so lange zu leben? Weil ihr niemals wirklich gelebt habt, deshalb. Ihr seid steckengeblieben.

Superbewußtsein bedeutet die Souveränität des Volkes in einer freien und ursprünglichen Republik. Es ist ein großes Experiment, das erfolgreich sein wird. Denn all die Türen, die euch bisher verschlossen waren, werden sich öffnen. Mit dem Superbewußtsein werdet ihr die Tyrannei und den furchtbaren Gestank der menschlichen Erfahrungen, die ihr immer wieder und wieder gelebt habt, hinter euch lassen. Ihr werdet Elend, Tod und Sterben hinter euch lassen. Ihr werdet das Unglück und die Sklaverei des Gesterns hinter euch lassen. Ihr werdet an dem Vorwärtsstreben der Evolution teilhaben und mit einem Körper, der vollkommen fähig ist, all das zu erfahren, was erfahren werden muß, in eine neue Zeit eintreten.

Wißt ihr, warum ihr das Licht, das euren Körper umgibt, euren großen Geist - eure Aura, wie ihr es nennt - nicht sehen könnt? Weil eure Wirklichkeit nicht zuläßt, daß ihr es seht. Wißt ihr, warum ihr die Energie, die den Raum erfüllt, in dem ihr sitzt und die von euren Beleuchtungskörpern ausgeht, nicht sehen könnt? Weil der gesamte Brennpunkt eurer Einstellungen nur auf eurer kleinen, persönlichen Welt liegt, die von eurem veränderten Ego bewacht wird. Und ihr werdet niemals etwas sehen, ohne zu wissen, daß man es sehen kann.

Versteht ihr denn nicht? Ihr müßt es erleben, dann wird die Vision da sein, und dann werdet ihr fähig sein zu sehen. Warum können einige nichts wahrnehmen, obwohl sie dieselbe Art Augen haben wie andere, die etwas sehen? Es liegt daran, daß ihre Wirklichkeiten verschieden sind. Oh, sie können gut reden und etwas vorspielen, aber wenn sie es nicht leben, sehen sie es nicht. Eure Augen werden auf ganz natürliche Weise Dinge zu sehen bekommen, die ihr nie zuvor gesehen habt. Denn es gibt nichts, was mich mehr beglücken würde, als daß ihr das unsichtbare Licht zu sehen bekommt, um dadurch der Angst und des Aberglaubens beraubt zu werden und fähig zu sein, die Herrlichkeit eures eigenen Lichts wahrzunehmen, denn sogar dies habt ihr euch niemals zu sehen gestattet. Im Superbewußtsein werdet ihr die Augen haben, um die Heerscharen und die Dimensionen zu sehen. Und ihr werdet von dem großen Königreich, das kommen wird, wissen: nicht nur bezüglich der Erforschung der Möglichkeiten eures Universums, sondern von unvorhergesagten und unvorstellbaren Räumlichkeiten. Das ist euer Erbe. Es ist das Erbe des menschlichen Dramas.

Ja, es hat andere humanoide Rassen im Geiste GOTTES gegeben. Aber ich will euch sagen, daß nicht alle es zu etwas Großem brachten.

Und meistens sind ihre Zivilisationen durch denselben Prozeß zusammengebrochen und in die Dekadenz verfallen. In eurer Zivilisation jedoch findet eine große Wahrheit ihren Weg und große Möglichkeiten eröffnen sich. Und die Sanftmütigen werden die Erde erben und die Herrlichkeit GOTTES schauen; denn sie werden die Augen haben, um sie zu schauen. Und diese Zivilisation wird nicht zusammenbrechen. Wisset die Wahrheit. Seid erleuchtet. Seid engagiert. Seid wissend. Superbewußtsein: Die geträumte, zwar noch unerlebte, jedoch völlig offen vor euch liegende Möglichkeit der nahenden Zeit. Es lohnt sich, hier zu sein, und es selbst zu erfahren. So sei es!

Ihr seid niemals wirklich allein

WIR NÄHERN UNS DEM, was ich euch im Hinblick auf das Jetzt zu sagen habe. Wisset, daß diese Erfahrung, dieses Lernen, mehr bedeutet, als sich nur die Zeit zum Lesen dieser Worte zu nehmen. Es ist kostbarer als das Gold, das ihr ausgegeben habt, um diesen Band zu erstehen, und es umfaßt mehr als die Gründe, die ihr hattet, dies zu lesen. Schaut auf euch selbst. Bedenkt einmal, wie viele Menschen diese Botschaft lesen werden. Denkt darüber nach, was ihr alle miteinander gemein habt. Ihr seid niemals wirklich allein. Bei allem, worum ihr euch bemüht, wimmelt es in allen Richtungen um euch herum an Brüdern und Schwestern. Aber es ist ein Zustand des inneren Alleinseins, in dem ihr Entscheidungen fällt, Entscheidungen wie zum Beispiel, wohin ihr geht und was ihr lest; wie alles eurer Wahlfreiheit entspringt.

Bedauert niemals eine getroffene Wahl

Bedauert niemals eine getroffene Wahl! Denn was ihr zu tun gewählt habt, ermöglicht euch, euch weiterzuentwickeln; es ist ein göttliches Gebot. Und was in euch ein Bedauern hinterlassen mag, ist einfach nur ein Teil weiterer Evolution. Ihr verliert niemals irgend etwas. Es kommt wieder - es wird wieder erblühen.

Es erfüllt mein Sein mit Freude, daß ihr meine Worte gelesen habt, und euer Licht wird daran wachsen. Ich weiß um den Mut, den es euch gekostet hat, dazusitzen und sich dem, was da vor euch liegt, mit reifem Geist und in Liebe, nicht etwa mit Angst, zuzuwenden. Ihr seid keine Schwächlinge, keine rückgratlosen Geschöpfe des Unbekannten. In Wahrheit repräsentiert ihr euer Erbe recht gut. Ich bin sehr erfreut. Und eines Tages werdet ihr fähig sein zu sehen, daß ich einfach glücklich bin; denn ihr werdet mich in all meiner Freude schauen. Und ich werde daran meinen Gefallen haben.

Viele von euch sind durch ein Feuer der Gefühle hindurchgegangen, um dieses Buch zu Ende zu lesen. Ich weiß das. Ich kenne eure Ablenkungen, eure Flüche, eure Abwehr, eure Entschuldigungen, euer Abschweifen und all das. Aber ich hatte schon lange zuvor eine große Menge an Wissen und Vertrauen in eure Fähigkeiten, sonst wäre ich nicht hier. Denn ich habe sicherlich die Fähigkeit, woanders hin zu gehen und andere große Dinge zu tun, anstatt die Sprachentwicklung über Jahrhunderte zu durchforsten, um die Worte zu finden, die ihr verstehen könnt. Das ist eine äußerst mühsame Arbeit!

Seit unserem Zusammentreffen habt ihr in all euren Abenteuern mächtig dazugewonnen. Verleugnet niemals den Weg, den ihr zurückgelegt habt, seit ihr mich kennt. Denn am Ende wird das der schnellste Marsch gewesen sein, den ihr jemals unternommen habt. Dies wird euer am schnellstes Wachstum in der kürzesten Zeit gewesen sein. Und am Ende werdet ihr sagen: “Um keinen Preis der Welt würde ich es missen wollen.”

Wie kann man die Unvergänglichkeit eines Gedankens beweisen?

Niemand war jemals dazu in der Lage, Ramtha in eine Schublade zu packen. Alles das, was ich auf dieser Ebene gewesen bin und all das, dessen man mich beschuldigt hat und wofür ich verantwortlich gemacht wurde, all das lasse ich zu. Von der Dichte aus ist es unmöglich, eine höhere Form zu verstehen. Wenn ihr aber die Form aus dem Geiste heraus versteht, seid ihr eins mit ihr. Die Dichte und ihr Image, das veränderte Ego, würden solche wie mich nie verstehen, genauso wenig wie viele euresgleichen eure Reise verstehen. Sie können es nicht begreifen. Wie kann man den Geist in der Materie beweisen? Könnte das, was an Materie entstand, möglicherweise den Geist enthalten? Wie kann man die Unvergänglichkeit eines Gedankens oder der Freude, die einen auf dem Weg in die Ewigkeit erfüllt, beweisen?

Und warum sind so viele Menschen diesem Verstehen und dieser Wahrheit gegenüber feindselig eingestellt? Und warum gibt es so viele Nachahmer? Weil sie sich die Wahrheit, die in ihnen ist, nicht wirklich angeeignet haben. Es ist eine Sache, wenn jemand zu euch sagt, ihr seid Teil des Okkulten, es ist aber eine andere Sache, mit ihm über diese Aussage zu lachen. Denn es ist ein Zeichen persönlicher Würde und Freiheit, die Unabhängigkeit zu besitzen, eigene Entscheidungen zu treffen - die Weisheit zu haben, die Möglichkeiten und das Wissen zu gewinnen, die es euch ermöglichen, euch den Dingen zuzuwenden, die euer eigenes Schicksal betreffen. Wenn das bizarr ist, dann sollte die ganze Welt bizarr sein!

Macht euch zu eigen, was euer ist. Wählt das, was ihr für eure Weiterentwicklung braucht. Die Wahrheit ist, daß ich in der Zeit, die ihr euch zum Lesen dieses Buches und zum Nachdenken über diese Informationen genommen habt, versucht habe, euch viele Dinge zu lehren, und daß ich viele Dinge wiederholt habe. Und ich bin mit allen möglichen Gesichtspunkten an euch herangetreten, und ich habe gehofft, das Aufflackern einer Bewegung in euch zu erreichen. Und es ist wahr, manchen Menschen habe ich Boten geschickt, die sie zu zerstören schienen, während andere Boten ihnen inmitten ihres Elends Segen zu bringen schienen. Aber das ist dennoch alles sinnvoll.

Hört zu, Meister. Worin besteht die Herrlichkeit des Wohlstandes eines Mannes, wenn dieser ihn de facto zugleich versklavt? Und warum wird die Armut einer Frau mit Frömmigkeit gleichgesetzt, wenn sie dadurch versklavt wird?

Je mehr ihr wißt, um so größere Auswahlmöglichkeiten habt ihr. Es war eine großartige Angelegenheit, euch zu helfen, eure Auswahlmöglichkeiten zu erweitern, indem ich euch diese Informationen vermittelt habe. Ihr habt euch selbst eingebracht, um sie zu erwerben. Und ich habe mich an euch gewandt und die Informationen vor euch ausgebreitet, denn ihr verdient es zu wissen. Ich hätte die Probleme ignorieren können. Ich hätte sie unter den Teppich kehren und einfach bedeutungslose Worte wiederholen können. Aber das hätte euch nicht das Recht auf persönliche Würde durch größeres Verstehen geboten. Das ist eine Wahrheit.

Ich kam im Auftrage meines Vaters auf einem Strahl der Liebe

Es gibt niemanden wie mich, denn ich gehöre niemandem auf dieser Ebene. Und für mich ist es nicht wichtig, populär zu sein oder anerkannt zu werden. Es ist auch nicht nötig, daß man nett über mich spricht. Und ich habe keine Werte geschändet oder Probleme vermieden. Ich kam im Auftrage meines Vaters auf einem Strahl der Liebe hierher. Denn das wünschte ich mir. Ich bin nicht hierher gekommen, um eine Gefolgschaft um mich zu scharen, sondern um Individuen aus der Herde der Unwissenden herauszupflücken. Individuen, die durch die Bemühungen um ihr eigenes Verstehen und durch den Mut, ihr Licht zu leben, nicht nur ihr eigenes Leben verändern, sondern auch die ganze Welt.

Es ist nur ein einziges, wahrhaft prachtvolles menschliches Wesen nötig, um so vielen Hoffnung zu geben. Und es gibt ein paar, die sich bis auf die Spitze des Berges erhoben haben, an einen Ort, wo ihre Stimmen gehört werden können, wo ihre Stimmen über die ganze Welt widerhallen, bis ihr Echo in der Tat von den Sternen wieder zurückgeworfen wird. Individuen, die sich durch ihre Tugend auf diesen Gipfel des Ruhmes, des Wohlstandes und der Angesehenheit erhoben haben, und die die Möglichkeit haben, das Leben von Millionen Menschen zu verändern. Denn alles, was die Millionen brauchten, war ein Lichtschimmer einer strahlenden Wesenheit, um ihnen zu zeigen, daß es jedem möglich ist, so zu sein. Das ist Hoffnung - eine Vorstellung, ein Licht, Wahrheit, eine Widerspiegelung, irgend etwas irgendwo, das euch hilft, die Reise aus der Knechtschaft heraus zu beginnen. Denn ihr habt euch gewiß in Knechtschaft befunden.

Makellosigkeit beginnt nicht im Wörterbuch

Oftmals ist die Spitze ein Ort der Ausschweifung, der Macht, des Mißbrauchs und der Mißhandlung und entwickelt sich zur Versklavung. Individuen, die durch und durch leuchten, sind selten. Wo beginnt Makellosigkeit? Im Wörterbuch? Dort findet man nur eine philosophische Definition, nicht die wahre Realität. Makellosigkeit beginnt bei einer makellosen Person. Liebe beginnt bei denen, die sich respektieren, die sich selbst lieben, und die dieses wundervolle Juwel, das man menschliches Wesen nennt - und das der Augapfel GOTTES ist - in Liebe anstatt in Mißbrauch hervorgebracht haben. Und durch diese Liebe setzen sie überall ein Beispiel für Makellosigkeit.

Eure Liebe gleicht einer großen Zentralsonne, denn in ihrer Wärme wächst alles, und ihr werdet ein Licht. Wo endet der Kampf und wo beginnt Toleranz? Dort, wo ihr euch selbst gegenüber tolerant seid. Wenn ihr euch von eurem eigenen Gesichtspunkt aus würdig verhaltet. Wenn ihr in bezug auf euer eigenes Aufnahmevermögen und im Hinblick auf sogenannte menschliche Fehler tolerant seid. Wenn ihr Verständnis habt und die Gnade dieses Verständnisses sowie Toleranz und Würde jedem gegenüber ausstrahlt. Selten ist eine Wesenheit, die von den Ketten der Welt frei ist, die in einem Zustand der Freiheit lebt und die Fähigkeit zur Tolcranz gegenüber anderen hat. Ihr könnt niemals andere tolerieren, solange ihr ihnen gehört, solange ihr von ihnen abhängig seid. Ihr könnt eure Nachbarn nicht tolerieren, solange ihr eure eigenen Konflikte nicht gelöst habt. Und ihr könnt für eure Familie keine Toleranz aufbringen, solange ihr nicht verstanden habt, daß sie menschliche Wesen sind, genau wie ihr.

Wo die Abenteuer vielseitig sind und ihr unter einem blauen Mond ungestört schlafen könnt

Diese Tätigkeit, diese Lehre, diese Liebe und dieses Geschenk wurden euch gegeben, damit ihr, durch die Anwendung des Gelernten eine Wahl treffen könnt, die es euch ermöglicht, das makelloseste menschliche Wesen zu werden. Und es gibt nicht einen unter euch, die ihr dies lest, der diese Fähigkeit nicht hätte, wenn er sie wählt. Dann würdet ihr weiterleben, um ein Königreich zu erfahren, das sich zu erfahren lohnt; wo die Abenteuer vielseitig sind und ihr unter einem blauen Mond ungestört schlafen könnt. Diese Worte sollen euch nicht versklaven, sondern die Wahrscheinlichkeit erhöhen, daß ihr die werdet, die ihr wirklich seid; sie sollen euer menschliches Potential für Freude, Freiheit und für die euch innewohnende Gottesliebe erhöhen. Diese Worte sollen nicht eine Person gegen die andere aufbringen, sondern die Ignoranz enthüllen und durch die Wahlfreiheit ihren Schleier lüften.

Das Neue Zeitalter ist etwas, das sich innerlich abspielt

Das Neue Zeitalter (von engl.: New Age, Anm. d. Übers.), wie es genannt wird, entsteht niemals außerhalb einer Person. Veränderungen schon, aber das Neue Zeitalter existiert niemals außerhalb, es muß innerlich geschehen. Es ist eine individuelle Umformung des menschlichen Geistes (von engl.: spirit, Anm. d. Übers.), der die Vergangenheit für immer losläßt, und zwar ohne jegliches Bedauern, und der sich die Gegenwart mit der vollen Vitalität des Mutes, glücklich zu leben und das Leben zu erhalten, zu eigen macht. Wie alle Dinge, die modern werden, schwindet die Mode auch wieder dahin, aber das Licht lebt weiter; denn es ist erfüllt mit Wahrheit, mit der Kraft zum Handeln und mit dem Verstehen des Lebens, was den Menschen von allen anderen Lebewesen unterscheidet. Es wird in alle Ewigkeit weiterleben.

Es hat mich bestimmt nicht erfreut, mich bezüglich all der schwierigen Dinge, die eure Umwelt in Gefahr bringen, an euch zu wenden. Und dennoch respektiere ich euch. Und ich weiß sehr genau, daß ihr im Herrn und Gott eures Seins den Mut habt, die Wahrheit in dem, was ich hier gesagt habe, zu erkennen und euch ihr zuzuwenden, sie zu hören, und durch diesen emotionalen Anstoß Veränderungen in eurem Leben einzuleiten, die so wichtig sind, um das Leben zu erhalten. Ich habe euch als nichts anderes angesprochen, als die großartigen Götter, die ihr seid. Ich habe euch nichts erzählt, was ihr nicht tun könntet. Ich habe euch nichts erzählt, was irgend etwas vergeuden oder zerstören könnte. Ich habe euch nichts erzählt, was euch in Gefahr bringen könnte, sondern eher aus der Gefahr heraus. Und ich habe euch nicht gesagt, daß ihr die Erde verachten sollt, sondern daß ihr sie und all ihre Veränderungen, von denen es mehr geben wird, als ihr jemals erfahren könnt, lieben sollt.

Indem ich euer Wissen durch diese Informationen erweitere, ermögliche ich euch zu wissen: "Was ist los, Doktor?" Ich mag diesen Satz. Euch Informationen zu geben, die es euch ermöglichen, Entscheidungen zu treffen, ist alles, was ich je in all diesen Jahren in dieser ungeheuerlichen Form, mit dieser körperlich begrenzten Fähigkeit, habe tun können. Ich habe all diese Worte und Visionen und Boten benutzt und euch viele Erfahrungen vermittelt, um euch bis zu diesem Punkt zu bringen.

Aber das waren alles nur Instrumente, Vehikel, um euch dahinzubringen, wo ihr jetzt seid; Instrumente, von denen ich angenommen habe, daß sie euch helfen würden, euch zu engagieren. Dies ist das Endergebnis, und war es immer: Das "Erkennet Gott in euch" wird tiefgründige Wirklichkeit werden, damit ihr sie leben könnt, anstatt nur ein Mythos, eine Philosophie, eine spirituelle Wahrheit zu bleiben. Ich kenne cuer Potential - eure Entfaltungsmöglichkeiten. Ich weiß, was in euch ist, und ich weiß auch, daß es durch eure freie Entscheidung verschlossen blieb. Es geht nur darum, was ihr tun wollt. Und das ist sehr abhängig von eurem Leben, wie schon immer.

Aber Ignoranz ist unentschuldbar. Denn entweder bleibt ihr bewußt unwissend, oder ihr seid es nur, weil ihr keine Gelegenheit zum Lernen hattet. Nun habt ihr das Wissen, und ihr könnt euch nicht länger dumm stellen. Und wenn ihr wählt, dieses Buch wieder fortzulegen und wieder in das Gehetze und Gedränge und zu dem "Geschäft" gewalttätiger Menschen, die euch mit tödlichen Augen anlächeln, zurückzukehren, dann, um alles in der Welt, kehrt an euren Platz zurück, wo dies die Norm ist. Und wenn ihr zu all dem zurückkehrt und verschlungen werdet, habt ihr doch immer noch dieses Wissen. Dann werdet ihr euch selbst einfach als Opfer angeboten haben.

Die Tätigen werden die Sehenden sein

Erinnert ihr euch an die zwei großen Boten, die kommen werden? Es ist bemerkenswert, daß es wirklich euer Leben verändert, wenn ihr ein Phänomen tatsächlich selbst zu sehen bekommt. Doch seltsam genug, unter diesen Umständen werden die Tätigen die Sehenden sein, denn sie verdienen zu sehen, was sie sehen werden. Sie werden es sich erarbeitet haben. Darum geht es: sich das Recht auf ein erweitertes Bewußtsein zu verdienen. Und sogar jene, die all dies hier verwerfen und darauf bestehen, daß alles ein verrücktes Phänomen oder eine nichtlebbare Wahrheit ist, selbst sie werden diese Worte immer in sich fühlen und hören bis zum Ende dieser Tage. Und es wird nicht meine Stimme sein, die sie hören werden und nicht meine Worte. Es wird der GOTT in ihnen sein, der das anspricht, was hier angesprochen wurde. Und die Stimme wird sehr stark werden. Und wenn das geschieht, dann bedeutet das nicht, daß ihr gerade anfangt zu "channeln", das stimmt nicht. Und es heißt auch nicht, daß ihr einen Geist aus anderen Dimensionen hört, denn auch das trifft nicht zu. Und behauptet auch nicht, es sei euer Geistführer, der ist es nicht. Es ist euer GOTT.

Nun, Meister, warum ist der Ram (Anm. d. Übers.: Ram ist die amerikanische Kurzform für Ramtha) gerade jetzt zurückgekehrt? Warum nicht schon vor einhundert Jahren nach eurer Zeitrechnung gezählt? Weil, obwohl die menschlichen Wesen schon immer in Mißgeschicke geraten sind und ihr schon immer eine Menge Gefahren in eurem Leben hattet, ihr es doch bis vor kurzem immer irgendwie geschafft habt, dort wieder herauszukommen. Es gab manche wilden Abenteuer in vielerlei Hinsicht, und ihr solltet für Geschöpfe, die sich wie wilde Abenteurer benehmen, eine Menge Respekt haben - denn sie tun etwas. Nun, die meisten von euch sind in anderen Leben wilde Abenteurer gewesen, aber jetzt seid ihr eher faule Sofa-Abenteurer. Wie nennt ihr euch selbst? Kartoffeln auf dem Sofa?* Es gibt keine Kartoffelknappheit in Amerika! Nun, die Sache ist die, ihr habt noch

*Anm. d. Übers.: amerikanische Ausdrucksweise, vergleichbar dem deutschen Ausdruck: Fauler Sack, der Menschen meint, die einen großen Teil ihrer Zeit vor dem Fernseher verbringen.

niemals zuvor so viel Hilfe benötigt. Ich habe früher nur einige Male eingegriffen, bei geschichtlichen Ereignissen, die zu groben Ungerechtigkeiten zu werden drohten.

Warum also gerade jetzt? Weil durch mein ungewöhnliches Erscheinen ein Erwachen geschieht und immer mehr Menschen immer mehr hören wollen. Und sie werden es hören, weil der Freiraum enger wird. In diesem Teil des Spieles gibt es keinen Raum für Abenteuer mehr; dies sind die letzten Wehen. In eurer gesamten Geschichte gab es kühne, erleuchtete Menschen, die kamen, um euch etwas zu sagen. Ihr beendetet das, indem ihr euch ihrer mehr oder weniger entledigt habt. Aber sie alle kamen in bestimmten Zeitperioden des menschlichen Dramas, jeweils vor einem moralischen Zusammenbruch oder vor einem Zusammenbruch der Einstellungen. Und meistens waren sie sehr wirkungsvoll. Schließlich konntet ihr dadurch weitermachen.

Nun, das Ende der Welt wird nicht eintreten. Eure persönliche Welt könnte entsprechend eurer Einstellung enden. Was wäre, wenn ihr dieses Buch einfach niederlegtet, aus der Tür hinausginget und ein rasendes Auto euch plattfahren würde? Eure Welt, so wie ihr sie kennt, würde dann sicherlich enden. Das ist natürlich alles eine Frage der Perspektive. Für diese Erde ist es nicht geplant, daß sie sich aus ihrer Umlaufbahn herausbewegt, und so wird es noch für eine ganze Weile bleiben. So verbleibt ihr also noch eine Menge Leben und sie kämpft darum. Deshalb habe ich keine Bedenken, euch zu sagen, daß eure Automotoren die Stratosphäre zerstören. Wenn euch das verletzt, dann soll das so sein. Denn Druck in Richtung auf einen besseren Weg läßt Genie entstehen; und was ermöglicht es genialen Individuen, in einem anderen Freiraum zu existieren? Kreativität! Versteht ihr den Sinn?

Wenn sich nichts verändert und alles dem Status Quo entsprechend weitergeht, ist keine Evolution nötig. Wenn es keinen Grund gibt, die gegenwärtigen Gegebenheiten zu ändern, wird sich auch nichts ändern. Und dennoch, so hart es für euch auch war, diese Informationen zu hören, so müßt ihr doch begreifen, daß dieser Zustand verändert werden muß. Und je mehr von euch sich dessen bewußt sind, desto mehr Bewußtseinsveränderung geschieht. Habt ihr je von der alten Theorie von Angebot und Nachfrage gehört? In Kürze wird es eine große Nachfrage geben. Und das wird den Freiraum für die Erfinder schaffen; es ist also alles zweckmäßig und nicht schrecklich.

Aber ihr habt eine Menge gelernt. Ihr habt die Seiten umgeblättert und gelesen. Das sagt eine Menge darüber aus, wer ihr seid. Wenn es in meinem Vokabular ein Wort wie Enttäuschung gäbe, würde ich euch sagen, daß ich nicht enttäuscht bin! Ich beglückwünsche euch zu eurem Mut, ich bin froh darüber. In dieser Leserschaft liegt große Hoffnung. Große Hoffnung!

Ich kam also im Auftrage meines Vaters und erschien zu einer Zeit bedeutender Entscheidungen. Denn wenn ihr in dem geistigen Schlummer, in dem ihr euch befindet, verbleibt, und die wirtschaftlichen Bedingungen, die kommen werden, akzeptiert, wird der Freiraum ganz sicher über euch zusammenbrechen. Und ihr werdet die Welt dafür geopfert haben. Es war göttliche Intervention, einfach Wahlfreiheit zu ermöglichen. Ihr könnt noch immer einen Zusammenbruch erleiden. Doch nun habt ihr eine Auswahlmöglichkeit, besser gesagt, viele. Und ich wünsche mir, aus meinem ganzen Sein heraus, daß ihr weise auswählt, was für eure größte Evolution nötig ist, und es dann ausführt!

Vielen von euch ist der Prozeß, durch den ich diese Informationen gebe, vertraut; der geborgte Körper und all das. Es war in vielerlei Hinsicht für das Verstehen der Persönlichkeit und der demonstrierten Wahrheit revolutionär. Es ist einem Menschen nicht möglich, Liebe zu imitieren. Es ist unmöglich, Genie zu imitieren. Es ist unmöglich, Macht zu imitieren. Und es ist unmöglich, Wissen zu imitieren. Es ist unmöglich, all diese Dinge zu imitieren, es sei denn, ihr wäret all diese Dinge. Und die großartige Reflexion davon kommt von mir zu euch. All die Möglichkeiten werden euch von mir widergespiegelt. Wenn ihr all das nicht innerlich wüßtet, könntet ihr es gar nicht hören. Wenn ihr zu all der Liebe und Macht nicht fähig wäret, würdet ihr sie nicht fühlen. Wenn ihr das Genie nicht in euch hättet, würdet ihr es hierin auch nicht erkennen können. Dafür hat diese ganze Vorstellung stattgefunden - für euch.

Die letzte Belehrung

Es gibt eine letzte Lehre, und ich will mich bemühen, sie in Worte zu fassen. Aus dieser letzten Belehrung wird in einigen von euch ein wachsendes Bewußtsein evolutionären Feuers entstehen. Und in diesem wachsenden Feuer werden einige von euch beginnen, das Ungesagte zu hören. Und ihr werdet es deutlich hören. Keine Fehlinterpretation. Keine Verwirrung. Es ist ein weiteres Voranschreiten in das weiße Feuer hinein, in eine höhere Vibration.

Je mehr ihr aufgrund eures Wissens tut ... desto mehr werdet ihr im Fluß der Ewigkeit sein ... je offener ihr seid ... desto weiter entwickelt sich der physische Körper. Bis ihr schließlich mit dem Herrn und Gott eures Seins völlig in Einklang seid und sich die Schwingung angeglichen hat, so daß ihr ins Unbekannte voranschreiten könnt, das nicht in Worten faßbar ist. Und ihr wißt dann. Und ihr seid dann ermächtigt.

Diese letzte Belehrung spricht die letzte Begrenzung an. Alles, was hiernach in der Öffentlichkeit gelehrt werden wird, wird sich um die kommenden Zeiten und um persönliche Perspektiven drehen. Es wird sich also in gewisser Weise um Wiederholung handeln. Und die seltenen Veranstaltungen werden für jene sein, die kontinuierlich dabei sind. Und dieser Energiefluß wird sich sehr von dem unterscheiden, was ihr in der Vergangenheit mit mir erlebt habt. Und in dieser Form wird es bis zum Ende des Jahrhunderts weitergehen. Und auch wenn ich mich nicht mehr physisch durch den Körper zeige, werde ich doch weiterhin der Ram sein, der Herr des Windes, und die lebendige und vitale Kraft wird bei euch sein, wie ich es euch versprochen habe. Und ich werde jenen von euch helfen, die sich die Mühe machen, sich helfen zu lassen.

Es gibt keine spirituelle Wohltätigkeit. Denn jemand, der in seinen Geist (von engl.: spirit, Anm. d. Übers.) eintritt, ist dort nicht durch Wohltätigkeit hingekommen. Ich werde bei euch sein, und ich werde euch durch diese Zeiten hindurchhelfen. Aber die Veranstaltungen werden nach dieser letzten Belehrung seltener werden. Bis dahin wird das Wort aufgezeichnet, dokumentiert, gedruckt und wiederholt werden. Es wird sichtbar und geschichtlich bedeutsam sein. Und alles, was ihr gelesen und gehört habt, wird in der Seele aufbewahrt ... und darauf warten, gelebt zu werden. Was könnte ich Größeres zu euch sagen als: "Erkennet, ihr seid GOTT, denn das lebendige Feuer ist in euch und alle sich auf euren Weg beziehenden Antworten liegen bereits in euch." Und welches größere Verstehen könnte ich geben, als zu sagen: "Ich bin, was ich bin." Und welche größere Freiheit könnte es geben, als festzustellen: "Ich gehöre nur mir!"

Es war ein langer, schwieriger Prozeß, euch diese Worte verständlich zu machen, damit ihr sie nicht nur lest, sondern auch lebt! Euch das Selbst verständlich zu machen, den Herrn und Gott eures Seins, und euch zu ermutigen, wenigstens einen kurzen Blick auf ein Licht, das ewig ist, zu werfen. Es hat diese ganze Zeit gedauert ... und all diese Worte waren notwendig ... um euch von eurer Göttlichkeit und eurem Wert zu überzeugen. Wißt ihr, wie viele von euch darauf bestehen, unwürdig zu sein? Wißt ihr, wie viele von euch darauf bestehen, Opfer zu sein? Ihr besteht darauf, weil ihr zu feige seid, die Verantwortung für das Wort "Opfer" zu übernehmen. Wißt ihr, wie viele von euch grau, konservativ und prüde sind? Wir wollen die Zahl lieber nicht nennen. Denn die Grauen sind reizlos und arthritisch, und ihr Kommen und Gehen wird niemals bemerkt, denn sie hinterlassen keine Spuren. Ich spreche hier nicht von euren schönen, durchgeistigten alten Leuten, sondern ich spreche bildlich von denen, die es vorziehen, sowohl im Geiste als auch in der Handlung blaß zu sein.

Ihr habt lange gebraucht, um hierher zu kommen. Muß man sich deshalb schämen? Das sollte man niemals. Laßt euch niemals von jemandem so beschämen, daß ihr den Wunsch zu verstehen, verliert. Wie lange habt ihr dazu gebraucht zu erkennen, daß es in euch eine lebendige Kraft gibt? Nun, wenn ihr dies zu erkennen beginnt, dann war es das alles wert. Denn, wißt ihr, wie viele machtlose Leben ihr in siebeneinhalb Millionen Jahren gelebt habt? Das war es wert.

Und ich gehe nicht fort. Lest das nicht in diese Worte hinein. Wohin sollte ich gehen? Ich bin einfach. Ich war niemals fort, egal, was die Gerüchte behaupten. Ich bin immer noch so robust und farbenfreudig. Und ich gehe noch immer bis an die Grenze des weltlich Vulgären, wie ich es immer getan habe. Aber ich liebe euch. Und in jedem Augenblick, in dem ihr etwas erkennt, freue ich mich mit euch. Achtet darauf, daß ein Wind aufkommt, wenn euch etwas bewußt wird. Ich will, daß er aufkommt. Ich möchte, daß ihr wißt, daß man um euch weiß. Ich möchte, daß euch gewahr wird, daß es etwas gibt, was euch und euer kostbares Leben wahrnimmt. Und obwohl die Belohnungen für die Selbstverwirklichung ausschließlich in sich selbst bestehen, möchte ich doch, daß ihr wißt, daß ihr einen Bruder habt, eine Wesenheit, einen

Liebhaber, ein Licht, das weiß, wenn ihr es geschafft habt. Und das möchte ich euch zeigen ... denn es macht mir große Freude - ihr alle macht mir große Freude.

Ich bin außerordentlich erfreut über euren Mut und eure Fähigkeiten. Und es wird der Tag kommen, an dem all dies vorbei ist, und ihr werdet mir mit wahrer Freude einen Trinkspruch zurufen. Und das wird ein Trinkspruch sein, den zu hören mich sehr ehren wird. So sei es!

P.S.

ICH HABE HIER NOCH EIN P.S. Wißt ihr, was ein P.S. ist - psst? So etwas Ähnliches wie ein Nachgedanke. Seid achtsam gegenüber Individuen, die sich mit Voraussagen schmücken, die sie meinen Worten entnommen haben. Ich möchte weniger diese Individuen selbst als vielmehr ihre Versprechungen in Frage stellen. Seid vorsichtig bei Angeboten, die einen großen Gewinn in ein paar Jahren versprechen. Es ist eine Sache, wenn eine Gruppe gemeinsam etwas besitzt und die Erfahrung weitergibt. Doch bedenkt dabei: Jedes Mitglied einer Gruppe muß zum Ganzen etwas beitragen, oder ihre Stärke wird gebrochen werden.

Wenn ihr die Last gnadenloser Besteuerung fürchtet, die zu eurer finanziellen Vernichtung führen könnte, dann gebt euer Geld nicht in der Hoffnung, schnell reich zu werden, weg. Kauft Land damit. Es gibt viele Menschen, die in den kommenden Tagen Land brauchen werden, um darauf zu arbeiten. Und das kann zu euren Sachwerten beitragen und für euch hilfreich sein, um durchzukommen.

Kauft kleine Geschäfte in kleinen Städten. Das Wachstum in den Großstädten wird gefährlich werden. Im nächsten Frühjahr wird eine Auswanderung von Menschen aus den Großstädten beginnen. Und die, die Land haben, werden dadurch einen vernünftigen Profit erzielen. Und die, die kleine Geschäfte haben, werden sie ein paar Jahre lang fördern können, bis zur Einführung der Debet-Karte. Aber gebt euer Geld niemandem, der eine Bank oder eine ähnliche Einrichtung für New-Age-Leute aufbauen will. Wenn ihr von der Einzelleistung eines anderen abhängt, dann bereitet ihr euch selbst die Rolle des Opfers. Denn wenn sein Schiff nicht einläuft, wird eures dann auch nicht ankommen, und ihr werdet dann sehr betrübt sein. Seid wachsam. Gebt niemandem irgend etwas, das ihr nicht frei geben könnt. Wenn ihr euch nicht leisten könnt, es zu verlieren, gebt es nicht her!

Es gibt viele großartige Wesenheiten, die Tätige sind, und sie verdienen, daß ihnen jemand eine Chance gibt. Aber sie beweisen sich selbst durch das, was sie tun. Gebt nicht einfach Geld mit dem Ziel weg, einen tollen Tauschhandel zu machen, denn das wird nicht geschehen. Die Zeiten sind unberechenbar. Erhebt euch nicht dazu, andere zu beschuldigen. Es ist weit größer zu verlieren und zu wissen, daß man selbst den Verlust gewählt hat, als anderen die Schuld zu geben. Denn die Beschuldigung wird euch an all die Tage, die kommen werden, binden. Beschuldigung wird euch an das Opferdasein binden, und egal was ihr tut, ihr werdet nichts gewinnen. So ist die Realität eingerichtet.

Es hat keinen Wert, irgend jemand für irgend etwas zu beschuldigen. Es ist mir egal, wieviel ihr verloren habt. Denn was bedeutet eine schlechte Notierung im Vergleich zum Erleben des Lichtes der Ewigkeit? Sie sollte keine Bedeutung haben.

Und mit eurem Geldüberschuß kauft Land und eröffnet Geschäfte in kleinen Ortschaften. Das ist klug und weise.

Und jene von euch, die sich nahe beieinander Land gekauft haben, haben das wundervoll gemacht - sehr geschickt.

Viele von euch sind handwerklich geschickt? Talentierte Personen mit sogenannten handwerklichen Begabungen? Ihr solltet das untereinander bekannt machen, damit ihr in der Zukunft einer mit dem anderen arbeiten könnt. Viele von euch haben eine Menge zu bieten, und es gibt viele Menschen, die das lernen müssen, was ihr wißt. Gebt eure Fähigkeiten irgendwo bekannt. Wie nennt ihr sie, die Seiten, die gelb sind? Laßt sie uns "purpurne Seiten" nennen. (Anm. d. Übers.: gemeint sind die Handelsseiten im amerikanischen Telefonbuch.)

Im Nordwesten Amerikas werdet ihr einige unerwartete Gartenarbeit zu sehen bekommen. Das Land des großen pazifischen Nordwestens Amerikas ist gesegnet und wird jeden Tag gesegneter. Und ihr, die ihr woanders lebt, wenn ihr dort zu leben gewählt habt, weil das eurem Herzenswunsch entspricht - lasset auch euer Land gesegnet sein. Seht nur zu, daß ihr euch von den Reißverschlüssen entfernt! Ich mache mir um diejenigen von euch Sorgen, die auf ihnen leben. Es wird schon sehr bald noch einen Schwarm von Boten in einigen dicht besiedelten

Gebieten geben, denn der Druck auf die Platten ist noch nicht geringer geworden.

Ihr solltet wissen, daß ein paar eurer Brüder, die kürzlich an der Seuche gestorben sind, sich jetzt in meinem Königreich befinden. Entgegen dem allgemeinen Glauben sind sie ins Licht heimgekehrt.

Ihr habt gelesen. Ihr habt begriffen. Ich bin sehr erfreut. Mehr habe ich euch in bezug auf die *Wendezeit - die künftigen Tage*, das Schicksal der Menschen und der Natur und im Hinblick auf persönliches Überleben nicht zu sagen. Aber *ihr* habt eine Menge zu tun. Was ihr hier gelesen habt, wird sich in den nächsten zwölf Jahren jeden Tag mehr entfalten. Entfaltet euch gleichfalls! Das ist alles! Das Buch ist beendet. So sei es. Möge GOTTES Liebe euch begleiten.

Trinksprüche, Gebete und Manifestationen

Vom Herrn und Gott meines Seins
auf die Herrlichkeit Gottes,
auf diesen heutigen Tag.
Erkenne meine persönlichen Bedürfnisse,
auf daß sie sich in meinem Leben manifestieren.
Und schenke mir den Mut, sie anzunehmen.
Auf das Leben.
In Ewigkeit, für immer und immer.
So sei es.

Vom Herrn und Gott meines Seins
auf die Herrlichkeit des Gottes in mir.
Von diesem Augenblick an und hinfort,
in manifestierter Bestimmung,
was ich glaube,
was ich will,
im Namen des Gottes in mir,
so wird es sich manifestieren.
So wird es geschehen.
Auf die Herrlichkeit und das Leben
und die Ewigkeit dessen, was in mir ist.

Und damit, denke darüber nach, was du wünschst,
denn du wirst es bekommen.

Schlußworte von Ramtha

ICH LIEBE EUCH gar sehr. Und wenn ihr feststellt, was diese Worte für euch und für eure Fähigkeit, Liebe zu verstehen, bedeuten, dann liebe ich euch in dem Ausmaß dieser Fähigkeit, große Meister. Ihr seid die Hoffnung für die neue kommende Zeit. Gott hat euch bestimmt in seiner Herrlichkeit gesegnet. So sei es.

Weitere Ramtha Buchtitel auf Deutsch

Ramtha

Dieser von der Kritik empfohlene Bestseller stellt die Eckpfeiler von Ramthas Lehren vor. Von Ramtha selbst wird es "Das große weiße Buch" genannt. Dieses Werk stellt für die in Unwissenheit und in ihrer Evolution feststeckende Menschheit ein Juwel von unschätzbarem Wert dar, denn es setzt *für* den Menschen und *in* ihm ein Wissen wieder frei, das dieser vor langer, langer Zeit vergessen hat.

Paperback DM 32,-

Ramtha: Eine Einführung - Ausgewählte Lehren

Dieses vielschichtige Buch nimmt die Emotionen gefangen, fordert den Geist heraus, berührt die Herzen und eröffnet dem Leser die Großartigkeit des Lebens. Dieses Buch ist eigentlich mehr als eine Einführung, denn diese ausgezeichnete Buchausgabe führt uns das volle Spektrum von Ramthas Lehren vor.

Paperback DM 25,-

Ramtha: Finanzielle Freiheit - Die Wahl

Ein humorvoll verfaßtes und inspirierendes Buch. Ramtha erklärt, auf welche Weise unerfüllte Träume eine Begrenzung darstellen, sowohl für Wachstum und Entwicklung, wie auch letztendlich für Ihr finanzielles Wohlbefinden. *Finanzielle Freiheit* wird Ihnen dabei helfen, Ihre Träume zu erfüllen, und wird eine neue Dimension von Möglichkeiten und Wahlfreiheiten eröffnen, die den Leser auf seinem Weg zu persönlicher und finanzieller Freiheit in immer machtvolleren Stand versetzen werden.

Paperback DM 24,-

Ramtha Intensiv: Wendezeit - Die Künftigen Tage

Der zweite Band der Intensivserie legt offen, wie die Menschheit bis heute ihre eigene Umwelt zugerichtet hat. Das Buch stellt eine kompromislose Schau auf die Natur dar, und auch darauf, wie sie sich erneuern wird. In diesen einmaligen Lehren drängt uns Ramtha, eine persönliche Eigenständigkeit aufzubauen, um physisch und psychisch jene dramatischen Veränderungen, die wir in der Gesellschaft und der Natur zu erwarten haben, zu überleben.

Paperback DM 24,-

Ramtha: UFOs und die Beschaffenheit von Wirklichkeit - Einblick in außerirdisches Bewußtsein und interdimensionalen Geist

Dieses Buch wird Ihre Betrachtungsweise dessen, was man Ihnen je erzählt hat, ändern. Sie haben ein Recht auf das Wissen über den großen Einfluß von Außerirdischen auf die Bibel, auf unsere Regierung und auf unser tägliches Leben. *UFOs und die Beschaffenheit von Wirklichkeit* ist eine Erörterung über lineare Zeit, Objektivität, interdimensionalen Geist, Superbewußtsein und über die Transfiguration von Materie. Es ist gleichfalls ein Buch über Hoffnung. Und Liebe. Und Gott.

Paperback DM 28,-

Ramtha Intensiv: Seelengefährten

Der erste Band der Intensivserie ist eine Aufzeichnung des Seattle Intensivseminars vom 10. bis 12. Januar 1986. Es ist eine leidenschaftliche Lehre über die Wissenschaft von Seelengefährten, die Entwürdigung der männlich-weiblichen Beziehungsverhältnisse, die die Seelengefährten getrennt gehalten hat - und über die Wiedervereinigung der Seelengefährten durch die Macht der Liebe.

Paperback DM 24,-

Sonstige Titel

Die Götter von Eden

Eine außergewöhliche Reise durch die Geschichte von dem Anfängen der Menschheit bis zu den Schlagzeilen von heute. Begleiten Sie den Autor, wenn er das Problem des Krieges und des menschlichen Leids erforscht und entdecken Sie einen bemerkenswerten Zusammenhang mit dem jahrhundertealten UFO-Phänomen.

Dieses Buch ist das Ergebnis siebenjähriger intensiver Recherchen und eines der wissenschaftlichsten und umfassendsten seiner Art. Sorgfältig belegt und illustriert vermitteln *Die Götter von Eden* zahlreiche erstaunlich neue Informationen über UFOs und ihren überraschenden Einfluß auf unsere Welt.

Das ist Geschichte von ihrer spannendsten und widersprüchlichsten Seite. Wenn Sie etwas für provozierende neue Ideen übrig haben, müssen Sie *Die Götter von Eden* einfach lesen.

Paperback DM 48,-

Notizen

Notizen

Notizen

Notizen